ECLAIRCISSEMENT DU TARIF DU CONSEIL,

CONCERNANT LES BOIS OUVREZ & à bâtir, pour la facilité & intelligence des Marchands & des Officiers Contrôleurs desdits Bois.

A PARIS,

De l'Imprimerie de JACQUE QUILLAU, Imp.
Jur. Lib. de l'Université, rue Galande,
aux Armes de l'Université.

MDCCX.

AVEC PERMISSION.

ſtrées ſur le Regiſtre de la Communauté des Imprimeurs & Librai-
res de notre bonne Ville de Paris, dans trois mois du jour de leur
datte. Si vous mandons & enjoignons que du contenu en icelles
vous faſſiez jouir pleinement & paiſiblement l'Expoſant ou ceux qui
auront droit de lui, ſans ſouffrir qu'il leur ſoit fait aucun trouble ni
empêchement. Voulons auſſi que la copie des Préſentes qui ſera im-
primée au commencement ou à la fin dudit Livre ſoit tenue pour
duement ſignifiée, & qu'aux copies qui en feront collationnées par l'un
de nos Amez & Feaux Conſeillers & Secretaires foi y ſoit ajoû-
tée comme à l'Original. Commandons au premier notre Huiſſier ou
Sergent ſur ce requis de faire pour l'execution d'icelles tous Actes
neceſſaires, ſans demander autre Permiſſion, nonobſtant Clameur de
Haro, Charte Normande & Lettres à ce contraires : Car tel eſt
notre plaiſir. Donné à Verſailles le cinquiéme jour d'Octobre, l'an
de grace mil ſept cens dix, & de notre Regne le ſoixante-huitiéme :
Et plus bas, Par le Roy en ſon Conſeil. Signé, LAUTHIER.

*Regiſtré ſur le Livre de la Communauté des Libraires & Imprimeurs,
conformément aux Reglemens. A Paris ce 14 Octobre 1710. Signé,*

DE LAUNAY, *Syndic.*

Eclaircissement du Tarif du Conseil, concernant les Droits des Bois ouvrez & à bâtir, pour la facilité & intelligence des Marchands & des Officiers Contrôleurs desdits Bois.

IL est necessaire d'entendre ce qui suit, pour se pouvoir servir des Tables réduites de ce Livre.

La toise se divise en six pieds ; le pied se divise en 12 pouces ; le pouce en 12 lignes, & la ligne en 6 points ; ce qui fait un si petit objet, qu'on néglige ordinairement la division en points.

Il y a trois sortes de dimensions, la longueur, la largeur, la hauteur ou l'épaisseur ; elles se mesurent toutes trois par la toise & par ses parties.

La superficie n'a que deux de ces dimensions ; le corps les a toutes trois.

Un cube est un corps qui a ses trois dimensions égales ; un corps qui a un pied de longueur, un pied de largeur, & un pied de hauteur, s'appelle un pied cube, il est fait comme un dez à jouer.

Au lieu de dire un pied, on peut dire 12 pouces, car le pied contient 12 pouces ; donc 12 pouces de long, 12 pouces de large sur 12 pouces de haut, font un pied cube.

Si on joint 3 pieds cubes de bois au bout l'un de l'autre, on aura un corps de 3 pieds de longueur, de 12 pouces de largeur, & de 12 pouces de hauteur ; ce corps est ce que nous appellons Solive ou Piece.

La piece est donc un morceau de bois qui a trois pieds de long, & 12 pouces de large sur 12 pouces de haut ; ou bien qui a 3 pieds de long sur 144 pouces quarrez, qui est le produit de 12 par 12, & la superficie de l'équarrissage.

Si on scie une piece ainsi conçue, justement par le milieu, avec un trait parallele à sa longueur, on aura deux morceaux de bois de 3 pieds de long, qui auront chacun 72 pouces d'équarrissage ou de superficie par les bouts, au lieu de 144, lesquels deux morceaux vaudront toujours une piece.

Maintenant si vous ajoutez ces deux morceaux de bois bout par bout, vous n'aurez plus qu'un seul morceau qui aura 6 pieds ou une toise de longueur sur 72 pouces d'équarrissage ; donc une toise de longueur de bois qui a 72 pouces d'équarrissage, est une piece.

C'est de cette maniere qu'il faut entendre la piece, pour pouvoir se servir des Tables suivantes, qui sont calculées sur ce pied là.

C'est pourquoi lorsqu'on trouvera 13 pieces 5 pieds 9 pouces 6 lignes, il faudra regarder 5 pieds 9 pouces 6 lignes comme parties de pieces, remarquant que dans les additions ou soustractions, il faut 6 pieds pour faire une piece, & ne pas ignorer que 6 points font une ligne , que 12 lignes font un pouce, que 12 pouces font un pied , que 6 pieds font une piece.

EXEMPLE.

	Pieces,	pieds,	pouces,	lignes.
Soit donné à ajouter	1 3	5	9	6
	2 7	4	3	8
	9	3	10	10
TOTAL,	51	2	0	0

Dans la colonne des lignes, vous trouverez 24 lignes, qui font jufte 2 pouces; vous pofez zero , & vous portez les 2 pouces retenus à la colonne des pouces , qui font avec les autres, 24 pouces ; vous pofez zero , & vous retenez 2 pieds , que vous portez à la colonne des pieds , où vous en trouvez 14 ; vous pofez 2, & vous retenez 2 pieces , que vous portez à la colonne des pieces , où on ne rétient plus que par dixaines.

De forte que la regle étant faite , vous aurez 51 pieces & 2 pieds , qui font un tiers de piece.

Car dans toutes les Tables fuivantes , un pied fait le fixiéme d'une piece ; 2 pieds , le tiers ; 3 pieds , la moitié ; 4 pieds , les deux tiers ; 5 pieds , la moitié & le tiers ; un pied 6 pouces , le quart ; 4 pieds 6 pouces, les trois quarts ; 6 pouces, le douzieme ; 8 pouces, le neuviéme ; 9 pouces , le huitiéme , & ainfi du refte.

On a fait les Tables fuivantes pour le bois de Brin de differentes groffeurs. Dans la premiere colonne on a compris les bois d'une toife de longueur jufqu'à huit toifes , fans fractions : Dans la feconde , depuis une toife $\frac{1}{2}$ de longueur jufqu'à 8 toifes $\frac{1}{2}$, & dont les groffeurs font marquées à la marge par un feul chiffre ; ce qui donne à entendre que la fuperficie du bout du bois eft un quarré , & qu'il faut multiplier ce chiffre par lui-même pour en avoir la fuperficie ou l'équarriffage , comme 3 pouces par 3 pouces font 9 pouces, ou 4 par 4 pouces font 16 pouces.

La Table qui fuit la précedente eft pour les bois dont les côtez de l'équarriffage ne font pas égaux , depuis 3 pouces par 4 pouces jufqu'à 22 par 23 pouces.

USAGE.

Soit donné un bois de Brin de 8 toifes de longueur, de 22 à 23 pouces de groffeur ; pour en fçavoir la réduction, cherchez dans la marge 22 à 23 pouces , & dans la colonne des toifes le nombre 8, vous trouverez à côté 56 pieces 1 pied 4 pouces.

Un autre bois de Brin de 8 toifes $\frac{1}{2}$ de longueur, fur 22 à 23 pouces de groffeur ; cherchez dans la feconde colonne , vous trouverez à côté de la colonne de 8 toifes $\frac{1}{2}$, la quantité de 59 pieces 4 pieds 5 pouces.

Les bois de 5 à 7 paffent pour 6 à 6, ceux de 7 à 7 comme 6 à 8.

	Toises.	pieces.	pieds.	pou.	lig.
3	1.				9.
	2.			1.	6.
	3.			2.	3.
	4.			3.	0.
	5.			3.	9.
	6.			4.	6.
	7.			5.	3.
	8.		1.	0.	
4	1.			1.	4.
	2.			2.	8.
	3.			4.	0.
	4.			5.	4.
	5.		1.	0.	8.
	6.		1.	2.	
	7.		1.	3.	4.
	8.		1.	4.	8.
5	1.			2.	1.
	2.			4.	2.
	3.		1.	0.	3.
	4.		1.	2.	4.
	5.		1.	4.	5.
	6.		2.	0.	6.
	7.		2.	2.	7.
	8.		2.	4.	8.
6	1.			3.	0.
	2.		1.	0.	
	3.		1.	3.	
	4.		2.	0.	
	5.		2.	3.	
	6.		3.	0.	
	7.		3.	3.	
	8.		4.	0.	

	Toises.	piec.	pied.	pou.	lig.
3	1½.			1.	1.	6.
	2½.		1.	10.	6.
	3½.		2.	7.	6.
	4½.		3.	4.	6.
	5½.		4.	1.	6.
	6½.		4.	10.	6.
	7½.		5.	7.	6.
	8½.	1.	0.	4.	6.
4	1½.			2.	
	2½.			3.	4.
	3½.			4.	8.
	4½.		1.	0.	
	5½.		1.	1.	4.
	6½.		1.	2.	8.
	7½.		1.	4.	
	8½.		1.	5.	4.
5	1½.		3.	1.	6.
	2½.		5.	2.	6.
	3½.	1.	1.	3.	6.
	4½.	1.	3.	4.	6.
	5½.	1.	5.	5.	6.
	6½.	2.	1.	6.	6.
	7½.	2.	3.	7.	6.
	8½.	2.	5.	8.	6.
6	1½.			4.	6.
	2½.		1.	1.	6.
	3½.		1.	4.	6.
	4½.		2.	1.	6.
	5½.		2.	4.	6.
	6½.		3.	1.	6.
	7½.		3.	4.	6.
	8½.		4.	1.	6.

	Toises.	piec.	pied.	pou.	lig.		Toises.	piec.	pied.	pou.	lig.
7	1.		4.	1.		**7**	1½.	1.	0.	1.	6.
	2.	1.	2.	2.			2½.	1.	4.	2.	6.
	3.	2.	0.	3.			3½.	2.	2.	3.	6.
	4.	2.	4.	4.			4½.	3.	0.	4.	6.
	5.	3.	2.	5.			5½.	3.	4.	5.	6.
	6.	4.	0.	6.			6½.	4.	2.	6.	6.
	7.	4.	4.	7.			7½.	5.	0.	7.	6.
	8.	5.	2.	8.			8½.	5.	4.	8.	6.

	Toises.	piec.	pied.	pou.	lig.		Toises.	piec.	pied.	pou.	lig.
8	1.		5.	4.		**8**	1½.	1.	2.		
	2.	1.	4.	8.			2½.	2.	1.	4.	
	3.	2.	4.				3½.	3.	0.	8.	
	4.	3.	3.	4.			4½.	4.	0.		
	5.	4.	2.	8.			5½.	4.	5.	4.	
	6.	5.	2.				6½.	5.	4.	8.	
	7.	6.	1.	4.			7½.	6.	4.		
	8.	7.	0.	8.			8½.	7.	3.	4.	

	Toises.	piec.	pied.	pou.	lig.		Toises.	piec.	pied.	pou.	lig.
9	1.	1.	0.	9.		**9**	1½.	1.	4.	1.	6.
	2.	2.	1.	6.			2½.	2.	4.	10.	6.
	3.	3.	2.	3.			3½.	3.	5.	7.	6.
	4.	4.	3.				4½.	5.	0.	4.	6.
	5.	5.	3.	9.			5½.	6.	1.	1.	6.
	6.	6.	4.	6.			6½.	7.	1.	10.	6.
	7.	7.	5.	3.			7½.	8.	2.	7.	6.
	8.	9.	0.				8½.	9.	3.	4.	6.

	Toises.	piec.	pied.	pou.	lig.		Toises.	piec.	pied.	pou.	lig.
10	1.	1.	2.	4.		**10**	1½.	2.	0.	6.	
	2.	2.	4.	8.			2½.	3.	2.	10.	
	3.	4.	1.				3½.	4.	5.	2.	
	4.	5.	3.	4.			4½.	6.	1.	6.	
	5.	6.	5.	8.			5½.	7.	3.	10.	
	6.	8.	2.				6½.	9.	0.	2.	
	7.	9.	4.	4.			7½.	10.	2.	6.	
	8.	11.	0.	8.			8½.	11.	4.	10.	

Toises.	piec.	pied.	pou.	lig.
11				
1.	1.	4.	1.	
2.	3.	2.	2.	
3.	5.	0.	3.	
4.	6.	4.	4.	
5.	8.	2.	5.	
6.	10.	0.	6.	
7.	11.	4.	7.	
8.	13.	2.	8.	
12				
1.	2.			
2.	4.			
3.	6.			
4.	8.			
5.	10.			
6.	12.			
7.	14.			
8.	16.			
13				
1.	2.	2.	1.	
2.	4.	4.	2.	
3.	7.	0.	3.	
4.	9.	2.	4.	
5.	11.	4.	5.	
6.	14.	0.	6.	
7.	16.	2.	7.	
8.	18.	4.	8.	
14				
1.	2.	4.	4.	
2.	5.	2.	8.	
3.	8.	1.		
4.	10.	5.	4.	
5.	13.	3.	8.	
6.	16.	2.		
7.	19.	0.	4.	
8.	21.	4.	8.	

Toises.	piec.	pied.	pou.	lig.
11				
1½.	2.	3.	1.	6.
2½.	4.	1.	2.	6.
3½.	5.	5.	3.	6.
4½.	7.	3.	4.	6.
5½.	9.	1.	5.	6.
6½.	10.	5.	6.	6.
7½.	12.	3.	7.	6.
8½.	14.	1.	8.	6.
12				
1½.	3.			
2½.	5.			
3½.	7.			
4½.	9.			
5½.	11.			
6½.	13.			
7½.	15.			
8½.	17.			
13				
1½.	3.	3.	1.	6.
2½.	5.	5.	2.	6.
3½.	8.	1.	3.	6.
4½.	10.	3.	4.	6.
5½.	12.	5.	5.	6.
6½.	15.	1.	6.	6.
7½.	17.	3.	7.	6.
8½.	19.	5.	8.	6.
14				
1½.	4.	0.	6.	
2½.	6.	4.	10.	
3½.	9.	3.	2.	
4½.	12.	1.	6.	
5½.	14.	5.	10.	
6½.	17.	4.	2.	
7½.	20.	2.	6.	
8½.	23.	0.	10.	

Toises.	piec.	pied.	pou.	lig.
15 { 1.	3.	0.	9.	
2.	6.	1.	6.	
3.	9.	2.	3.	
4.	12.	3.		
5.	15.	3.	9.	
6.	18.	4.	6.	
7.	21.	5.	3.	
8.	25.	0.		

Toises.	piec.	pied.	pou.	lig.
15 { 1½.	4.	4.	1.	6.
2½.	7.	4.	10.	6.
3½.	10.	5.	7.	6.
4½.	14.	0.	4.	6.
5½.	17.	1.	1.	6.
6½.	20.	1.	10.	6.
7½.	23.	2.	7.	6.
8½.	26.	3.	4.	6.

Toises.	piec.	pied.	pou.	lig.
16 { 1.	3.	3.	4.	
2.	7.	0.	8	
3.	10.	4.		
4.	14.	1.	4.	
5.	17.	4.	8.	
6.	21.	2.		
7.	24.	5.	4.	
8.	28.	2.	8.	

Toises.	piec.	pied.	pou.	lig.
16 { 1½.	5.	2.		
2½.	8.	5.	4.	
3½.	12.	2.	8.	
4½.	16.	0.		
5½.	19.	3.	4.	
6½.	23.	0.	8.	
7½.	26.	4.		
8½.	30.	1.	4.	

Toises.	piec.	pied.	pou.	lig.
17 { 1.	4.	0.	1.	
2.	8.	0.	2.	
3.	12.	0.	3.	
4.	16.	0.	4.	
5.	20.	0.	5.	
6.	24.	0.	6.	
7.	28.	0.	7.	
8.	32.	0.	8.	

Toises.	piec.	pied.	pou.	lig.
17 { 1½.	6.	0.	1.	6.
2½.	10.	0.	2.	6.
3½.	14.	0.	3.	6.
4½.	18.	0.	4.	6.
5½.	22.	0.	5.	6.
6½.	26.	0.	6.	6.
7½.	30.	0.	7.	6.
8½.	34.	0.	8.	6.

Toises.	piec.	pied.	pou.	lig.
18 { 1.	4.	3.		
2.	9.	0.		
3.	13.	3.		
4.	18.	0.		
5.	22.	3.		
6.	27.	0.		
7.	31.	3.		
8.	36.	0.		

Toises.	piec.	pied.	pou.	lig.
18 { 1½.	6.	4.	6.	
2½.	11.	1.	6.	
3½.	15.	4.	6.	
4½.	20.	1.	6.	
5½.	24.	4.	6.	
6½.	29.	1.	6.	
7½.	33.	4.	6.	
8½.	38.	1.	6.	

Toises.	piec.	pied.	pou.	lig.
19				
1.	5.	0.	1.	
2.	10.	0.	2.	
3.	15.	0.	3.	
4.	20.	0.	4.	
5.	25.	0.	5.	
6.	30.	0.	6.	
7.	35.	0.	7.	
8.	40.	0.	8.	
20				
1.	5.	3.	4.	
2.	11.	0.	8.	
3.	16.	4.		
4.	22.	1.	4.	
5.	27.	4.	8.	
6.	33.	2.		
7.	38.	5.	4.	
8.	44.	2.	8.	
21				
1.	6.	0.	9.	
2.	12.	1.	6.	
3.	18.	2.	3.	
4.	24.	3.		
5.	30.	3.	9.	
6.	36.	4.	6.	
7.	42.	5.	3.	
8.	49.			
22				
1.	6.	4.	4.	
2.	13.	2.	8.	
3.	20.	1.		
4.	26.	5.	4.	
5.	33.	3.	8.	
6.	40.	2.		
7.	47.	0.	4.	
8.	53.	4.	8.	

Toises.	piec.	pied.	pou.	lig.
19				
$1\frac{1}{2}$.	7.	3.	1.	6.
$2\frac{1}{2}$.	12.	3.	2.	6.
$3\frac{1}{2}$.	17.	3.	3.	6.
$4\frac{1}{2}$.	22.	3.	4.	6.
$5\frac{1}{2}$.	27.	3.	5.	6.
$6\frac{1}{2}$.	32.	3.	6.	6.
$7\frac{1}{2}$.	37.	3.	7.	6.
$8\frac{1}{2}$.	42.	3.	8.	6.
20				
$1\frac{1}{2}$.	8.	2.		
$2\frac{1}{2}$.	13.	5.	4.	
$3\frac{1}{2}$.	19.	2.	8.	
$4\frac{1}{2}$.	25.			
$5\frac{1}{2}$.	30.	3.	4.	
$6\frac{1}{2}$.	36.	0.	8.	
$7\frac{1}{2}$.	41.	4.		
$8\frac{1}{2}$.	47.	1.	4.	
21				
$1\frac{1}{2}$.	9.	1.	1.	6.
$2\frac{1}{2}$.	15.	1.	10.	6.
$3\frac{1}{2}$.	21.	2.	7.	6.
$4\frac{1}{2}$.	27.	3.	4.	6.
$5\frac{1}{2}$.	33.	4.	1.	6.
$6\frac{1}{2}$.	39.	4.	10.	6.
$7\frac{1}{2}$.	45.	5.	7.	6.
$8\frac{1}{2}$.	52.	0.	4.	6.
22				
$1\frac{1}{2}$.	10.	0.	6.	
$2\frac{1}{2}$.	16.	4.	10.	
$3\frac{1}{2}$.	23.	3.	2.	
$4\frac{1}{2}$.	30.	1.	6.	
$5\frac{1}{2}$.	36.	5.	10.	
$6\frac{1}{2}$.	43.	4.	2.	
$7\frac{1}{2}$.	50.	2.	6.	
$8\frac{1}{2}$.	57.	0.	10.	

3:4	Toises.	piec.	pied.	pou.	lig.
3:4	1.		1.		
	2.		2.		
	3.		3.		
	4.		4.		
	5.		5.		
	6.	1.	0.		
	7.	1.	1.		
	8.	1.	2.		
4:5	1.		1.	8.	
	2.		3.	4.	
	3.		5.		
	4.	1.	0.	8.	
	5.	1.	2.	4.	
	6.	1.	4.		
	7.	1.	5.	8.	
	8.	2.	1.	4.	
5:6	1.		2.	6.	
	2.		5.		
	3.	1.	1.	6.	
	4.	1.	4.		
	5.	2.	0.	6.	
	6.	2.	3.		
	7.	2.	5.	6.	
	8.	3.	2.		
6:7	1.	0.	3.	6.	
	2.	1.	1.		
	3.	1.	4.	6.	
	4.	2.	2.		
	5.	2.	5.	6.	
	6.	3.	3.		
	7.	4.	0.	6.	
	8.	4.	4.		

3:4	Toises.	piec.	pied.	pou.	lig.
3:4	$1\frac{1}{2}$.		1.	6.	
	$2\frac{1}{2}$.		2.	6.	
	$3\frac{1}{2}$.		3.	6.	
	$4\frac{1}{2}$.		4.	6.	
	$5\frac{1}{2}$.		5.	6.	
	$6\frac{1}{2}$.	1.	0.	6.	
	$7\frac{1}{2}$.	1.	1.	6.	
	$8\frac{1}{2}$.	1.	2.	6.	
4:5	$1\frac{1}{2}$.		2.	6.	
	$2\frac{1}{2}$.		4.	2.	
	$3\frac{1}{2}$.		5.	10.	
	$4\frac{1}{2}$.	1.	1.	6.	
	$5\frac{1}{2}$.	1.	3.	2.	
	$6\frac{1}{2}$.	1.	4.	10.	
	$7\frac{1}{2}$.	2.	0.	6.	
	$8\frac{1}{2}$.	2.	2.	2.	
5:6	$1\frac{1}{2}$.		3.	9.	
	$2\frac{1}{2}$.	1.	0.	3.	
	$3\frac{1}{2}$.	1.	2.	9.	
	$4\frac{1}{2}$.	1.	5.	3.	
	$5\frac{1}{2}$.	2.	1.	9.	
	$6\frac{1}{2}$.	2.	4.	3.	
	$7\frac{1}{2}$.	3.	0.	9.	
	$8\frac{1}{2}$.	3.	3.	3.	
6:7	$1\frac{1}{2}$.		5.	3.	
	$2\frac{1}{2}$.	1.	2.	9.	
	$3\frac{1}{2}$.	2.	0.	3.	
	$4\frac{1}{2}$.	2.	3.	9.	
	$5\frac{1}{2}$.	3.	1.	3.	
	$6\frac{1}{2}$.	3.	4.	9.	
	$7\frac{1}{2}$.	4.	2.	3.	
	$8\frac{1}{2}$.	4.	5.	9.	

Left column

7:8

Toises.	piec.	pied.	pou.	lig.
1.		4.	8.	
2.	1.	3.	4.	
3.	2.	2.		
4.	3.	0.	8.	
5.	3.	5.	4.	
6.	4.	4.		
7.	5.	2.	8.	
8.	6.	1.	4.	

8:9

Toises.	piec.	pied.	pou.	lig.
1.	1.	0.		
2.	2.	0.		
3.	3.	0.		
4.	4.	0.		
5.	5.	0.		
6.	6.	0.		
7.	7.	0.		
8.	8.	0.		

9:10

Toises.	piec.	pied.	pou.	lig.
1.	1.	1.	6.	
2.	2.	3.		
3.	3.	4.	6.	
4.	5.	0.		
5.	6.	1.	6.	
6.	7.	3.		
7.	8.	4.	6.	
8.	10.	0.		

10:11

Toises.	piec.	pied.	pou.	lig.
1.	1.	3.	2.	
2.	3.	0.	4.	
3.	4.	3.	6.	
4.	6.	0.	8.	
5.	7.	3.	10.	
6.	9.	1.		
7.	10.	4.	2.	
8.	12.	1.	4	

Right column

7:8

Toises.	piec.	pied.	pou.	lig.
1½.	1.	1.		
2½.	1.	5.	8.	
3½.	2.	4.	4.	
4½.	3.	3.		
5½.	4.	1.	8.	
6½.	5.	0.	4.	
7½.	5.	5.		
8½.	6.	3.	8.	

8:9

Toises.	piec.	pied.	pou.	lig.
1½.	1.	3.		
2½.	2.	3.		
3½.	3.	3.		
4½.	4.	3.		
5½.	5.	3.		
6½.	6.	3.		
7½.	7.	3.		
8½.	8.	3.		

9:10

Toises.	piec.	pied.	pou.	lig.
1½.	1.	5.	3.	
2½.	3.	0.	9.	
3½.	4.	2.	3.	
4½.	5.	3.	9.	
5½.	6.	5.	3.	
6½.	8.	0.	9.	
7½.	9.	2.	3.	
8½.	10.	3.	9.	

10:11

Toises.	piec.	pied.	pou.	lig.
1½.	2.	1.	9.	
2½.	3.	4.	11.	
3½.	5.	2.	1.	
4½.	6.	5.	3.	
5½.	8.	2.	5.	
6½.	9.	5.	7.	
7½.	11.	2.	9.	
8½.	12.	5.	11.	

Toises.	piec.	pied.	pou.	lig.
		11:12		
1.	1.	5.		
2.	3.	4.		
3.	5.	3.		
4.	7.	2.		
5.	9.	1.		
6.	11.	0.		
7.	12.	5.		
8.	14.	4.		
		12:13		
1.	2.	1.		
2.	4.	2.		
3.	6.	3.		
4.	8.	4.		
5.	10.	5.		
6.	13.	0.		
7.	15.	1.		
8.	17.	2.		
		13:14		
1.	2.	3.	2.	
2.	5.	0.	4.	
3.	7.	3.	6.	
4.	10.	0.	8.	
5.	12.	3.	10.	
6.	15.	1.		
7.	17.	4.	2.	
8.	20.	1.	4.	
		14:15		
1.	2.	5.	6.	
2.	5.	5.		
3.	8.	4.	6.	
4.	11.	4.		
5.	14.	3.	6.	
6.	17.	3.		
7.	20.	2.	6.	
8.	23.	2.		

Toises.	piec.	pied.	pou.	lig.
		11:12		
$1\frac{1}{2}$.	2.	4.	6.	
$2\frac{1}{2}$.	4.	3.	6.	
$3\frac{1}{2}$.	6.	2.	6.	
$4\frac{1}{2}$.	8.	1.	6.	
$5\frac{1}{2}$.	10.	0.	6.	
$6\frac{1}{2}$.	11.	5.	6.	
$7\frac{1}{2}$.	13.	4.	6.	
$8\frac{1}{2}$.	15.	3.	6.	
		12:13		
$1\frac{1}{2}$.	3.	1.	6.	
$2\frac{1}{2}$.	5.	2.	6.	
$3\frac{1}{2}$.	7.	3.	6.	
$4\frac{1}{2}$.	9.	4.	6.	
$5\frac{1}{2}$.	11.	5.	6.	
$6\frac{1}{2}$.	14.	0.	6.	
$7\frac{1}{2}$.	16.	1.	6.	
$8\frac{1}{2}$.	18.	2.	6.	
		13:14		
$1\frac{1}{2}$.	3.	4.	9.	
$2\frac{1}{2}$.	6.	1.	11.	
$3\frac{1}{2}$.	8.	5.	1.	
$4\frac{1}{2}$.	11.	2.	3.	
$5\frac{1}{2}$.	13.	5.	5.	
$6\frac{1}{2}$.	16.	2.	7.	
$7\frac{1}{2}$.	18.	5.	9.	
$8\frac{1}{2}$.	21.	2.	11.	
		14:15		
$1\frac{1}{2}$.	4.	2.	3.	
$2\frac{1}{2}$.	7.	1.	9.	
$3\frac{1}{2}$.	10.	1.	3.	
$4\frac{1}{2}$.	13.	0.	9.	
$5\frac{1}{2}$.	16.	0.	3.	
$6\frac{1}{2}$.	18.	5.	9.	
$7\frac{1}{2}$.	21.	5.	3.	
$8\frac{1}{2}$.	24.	4.	9.	

Toises.	piec.	pied.	pou.	lig.
15:16				
1.	3.	2.		
2.	6.	4.		
3.	10.	0.		
4.	13.	2.		
5.	16.	4.		
6.	20.	0.		
7.	23.	2.		
8.	26.	4.		

Toises.	piec.	pied.	pou.	lig.
15:16				
1 ½.	5.	0.		
2 ½.	8.	2.		
3 ½.	11.	4.		
4 ½.	15.	0.		
5 ½.	18.	2.		
6 ½.	21.	4.		
7 ½.	25.	0.		
8 ½.	28.	2.		

Toises.	piec.	pied.	pou.	lig.
16:17				
1.	3.	4.	8.	
2.	7.	3.	4.	
3.	11.	2.		
4.	15.	0.	8.	
5.	18.	5.	4.	
6.	22.	4.		
7.	26.	2.	8.	
8.	30.	1.	4.	

Toises.	piec.	pied.	pou.	lig.
16:17				
1 ½.	5.	4.		
2 ½.	9.	2.	8.	
3 ½.	13.	1.	4.	
4 ½.	17.	0.		
5 ½.	20.	4.	8.	
6 ½.	24.	3.	4.	
7 ½.	28.	2.		
8 ½.	32.	0.	8.	

Toises.	piec.	pied.	pou.	lig.
17:18				
1.	4.	1.	6.	
2.	8.	3.		
3.	12.	4.	6.	
4.	17.	0.		
5.	21.	1.	6.	
6.	25.	3.		
7.	29.	4.	6.	
8.	34.	0.		

Toises.	piec.	pied.	pou.	lig.
17:18				
1 ½.	6.	2.	3.	
2 ½.	10.	3.	9.	
3 ½.	14.	5.	3.	
4 ½.	19.	0.	9.	
5 ½.	23.	2.	3.	
6 ½.	27.	3.	9.	
7 ½.	31.	5.	3.	
8 ½.	36.	0.	9.	

Toises.	piec.	pied.	pou.	lig.
18:19				
1.	4.	4.	6.	
2.	9.	3.		
3.	14.	1.	6.	
4.	19.	0.		
5.	23.	4.	6.	
6.	28.	3.		
7.	33.	1.	6.	
8.	38.	0.		

Toises.	piec.	pied.	pou.	lig.
18:19				
1 ½.	7.	0.	9.	
2 ½.	11.	5.	3.	
3 ½.	16.	3.	9.	
4 ½.	21.	2.	3.	
5 ½.	26.	0.	9.	
6 ½.	30.	5.	3.	
7 ½.	35.	3.	9.	
8 ½.	40.	2.	9.	

Left column

	Toises.	piec.	pied.	pou.	lig.
19:20	1.	5.	1.	8.	
	2.	10.	3.	4.	
	3.	15.	5.		
	4.	21.	0.	8.	
	5.	26.	2.	4.	
	6.	31.	4.		
	7.	36.	5.	8.	
	8.	42.	1.	4.	
20:21	1.	5.	5.		
	2.	11.	4.		
	3.	17.	3.		
	4.	23.	2.		
	5.	29.	1.		
	6.	35.	0.		
	7.	40.	5.		
	8.	46.	4.		
21:22	1.	6.	2.	6.	
	2.	12.	5.		
	3.	19.	1.	6.	
	4.	25.	4.		
	5.	32.	0.	6.	
	6.	38.	3.		
	7.	44.	5.	6.	
	8.	51.	2.		
22:23	1.	7.	0.	2.	
	2.	14.	0.	4.	
	3.	21.	0.	6.	
	4.	28.	0.	8.	
	5.	35.	0.	10.	
	6.	42.	1.		
	7.	49.	1.	2.	
	8.	56.	1.	4.	

Right column

	Toises.	piec.	pied.	pou.
19:20	$1\frac{1}{2}$.	7.	5.	6.
	$2\frac{1}{2}$.	13.	1.	2.
	$3\frac{1}{2}$.	18.	2.	10.
	$4\frac{1}{2}$.	23.	4.	6.
	$5\frac{1}{2}$.	29.	0.	2.
	$6\frac{1}{2}$.	34.	1.	10.
	$7\frac{1}{2}$.	39.	3.	6.
	$8\frac{1}{2}$.	44.	5.	2.
20:21	$1\frac{1}{2}$.	8.	4.	6.
	$2\frac{1}{2}$.	14.	3.	6.
	$3\frac{1}{2}$.	20.	2.	6.
	$4\frac{1}{2}$.	26.	1.	6.
	$5\frac{1}{2}$.	32.	0.	6.
	$6\frac{1}{2}$.	37.	5.	6.
	$7\frac{1}{2}$.	43.	4.	6.
	$8\frac{1}{2}$.	49.	3.	6.
21:22	$1\frac{1}{2}$.	9.	3.	9.
	$2\frac{1}{2}$.	16.	0.	3.
	$3\frac{1}{2}$.	22.	2.	9.
	$4\frac{1}{2}$.	28.	5.	3.
	$5\frac{1}{2}$.	35.	1.	9.
	$6\frac{1}{2}$.	41.	4.	3.
	$7\frac{1}{2}$.	48.	0.	9.
	$8\frac{1}{2}$.	54.	3.	3.
22:23	$1\frac{1}{2}$.	10.	3.	3.
	$2\frac{1}{2}$.	17.	3.	5.
	$3\frac{1}{2}$.	24.	3.	7.
	$4\frac{1}{2}$.	31.	3.	9.
	$5\frac{1}{2}$.	38.	3.	11.
	$6\frac{1}{2}$.	45.	4.	1.
	$7\frac{1}{2}$.	52.	4.	3.
	$8\frac{1}{2}$.	59.	4.	5.

Table des Bois semi-quarts.

LEs bois semi-quarts ont deux côtez plus larges que les deux autres, comme de 5 à 7, de 5 à 8, de 5 à 9, ainsi des autres; c'est pourquoi il suit ci-après une Table pour une toise de longueur seulement depuis 5 à 7, jusqu'à 24 pouces de grosseur.

Il faut donc considerer que cette Table n'est composée que pour une toise de longueur. Exemple : un bois de Brin de 3 toises de longueur, de 7 à 9 pouces de grosseur ; cherchez dans la Table 7 à 9, vous trouverez 5 pieds 3 pouces que vous mutiplierez par 3 toises, viendra 2 pieces 3 pieds 9 pouces pour la reduction de ce bois de brin.

Un autre bois de brin de 3 toises ½ de longueur sur 7 à 20 pouces de grosseur, trouverez 1 piece 5 pieds 8 pouces de superficie, qu'il faut multiplier par 3 toises ½, viendra au produit 6 pieces 4 pieds 10 pouces.

Grosseur.	piec.	pied.	pou.	Grosseur.	piec.	pied.	pou.
5 : 7.		2.	11.	6 : 8.		4.	
5 : 8.		3.	4.	6 : 9.		4.	6.
5 : 9.		3.	9.	6 : 10.		5.	
5 : 10.		4.	2.	6 : 11.		5.	6.
5 : 11.		4.	7.	6 : 12.	1.		
5 : 12.		5.		6 : 13.	1.	0.	6.
5 : 13.		5.	5.	6 : 14.	1.	1.	
5 : 14.		5.	10.	6 : 15.	1.	1.	6.
5 : 15.	1.	0.	3.	6 : 16.	1.	2.	
5 : 16.	1.	0.	8.	6 : 17.	1.	2.	6.
5 : 17.	1.	1.	1.	6 : 18.	1.	3.	
5 : 18.	1.	1.	6.	6 : 19.	1.	3.	6.
5 : 19.	1.	1.	11.	6 : 20.	1.	4.	
5 : 20.	1.	2.	4.	6 : 21.	1.	4.	6.

Grosseur.	piec.	pied.	pou.
7 : 9.		5.	3.
7 : 10.		5.	10.
7 : 11.	1.	0.	5.
7 : 12.	1.	1.	
7 : 13.	1.	1.	7.
7 : 14.	1.	2.	2.
7 : 15.	1.	2.	9.
7 : 16.	1.	3.	4.
7 : 17.	1.	3.	11.
7 : 18.	1.	4.	6.
7 : 19.	1.	5.	1.
7 : 20.	1.	5.	8.
8 : 10.	1.	0.	8.
8 : 11.	1.	1.	4.
8 : 12.	1.	2.	
8 : 13.	1.	2.	8.
8 : 14.	1.	3.	4.
8 : 15.	1.	4.	
8 : 16.	1.	4.	8.
8 : 17.	1.	5.	4.
8 : 18.	2.	0.	
8 : 19.	2.	0.	8.
8 : 20.	2.	1.	4.
8 : 21.	2.	2.	
9 : 11.	1.	2.	3.
9 : 12.	1.	3.	
9 : 13.	1.	3.	9.
9 : 14.	1.	4.	6.
9 : 15.	1.	5.	3.
9 : 16.	2.	0.	
9 : 17.	2.	0.	9.
9 : 18.	2.	1.	6.
9 : 19.	2.	2.	3.
9 : 20.	2.	3.	
9 : 21.	2.	3.	9.

Grosseur.	piec.	pied.	pou.
10 : 12.	1.	4.	
10 : 13.	1.	4.	10.
10 : 14.	1.	5.	8.
10 : 15.	2.	0.	6.
10 : 16.	2.	1.	4.
10 : 17.	2.	2.	2.
10 : 18.	2.	3.	0.
10 : 19.	2.	3.	10.
10 : 20.	2.	4.	8.
10 : 21.	2.	5.	6.
10 : 22.	3.	0.	4.
10 : 23.	3.	1.	2.
10 : 24.	3.	2.	
11 : 13.	1.	5.	11.
11 : 14.	2.	0.	10.
11 : 15.	2.	1.	9.
11 : 16.	2.	2.	8.
11 : 17.	2.	3.	7.
11 : 18.	2.	4.	6.
11 : 19.	2.	5.	5.
11 : 20.	3.	0.	4.
11 : 21.	3.	1.	3.
11 : 22.	3.	2.	2.
11 : 23.	3.	3.	1.
11 : 24.	3.	4.	
12 : 14.	2.	2.	
12 : 15.	2.	3.	
12 : 16.	2.	4.	
12 : 17.	2.	5.	
12 : 18.	3.	0.	
12 : 19.	3.	1.	
12 : 20.	3.	2.	
12 : 21.	3.	3.	
12 : 22.	3.	4.	
12 : 23.	3.	5.	
12 : 24.	4.	0.	

Grosseur.	piec.	pied.	pou.
13 : 15.	2.	4.	3.
13 : 16.	2.	5.	4.
13 : 17.	3.	0.	5.
13 : 18.	3.	1.	6.
13 : 19.	3.	2.	7.
13 : 20.	3.	3.	8.
13 : 21.	3.	4.	9.
13 : 22.	3.	5.	10.
13 : 23.	4.	0.	11.
13 : 24.	4.	2.	0.
14 : 16.	3.	0.	8.
14 : 17.	3.	1.	10.
14 : 18.	3.	3.	
14 : 19.	3.	4.	2.
14 : 20.	3.	5.	4.
14 : 21.	4.	0.	6.
14 : 22.	4.	1.	8.
14 : 23.	4.	2.	10.
14 : 24.	4.	4.	
15 : 17.	3.	3.	3.
15 : 18.	3.	4.	6.
15 : 19.	3.	5.	9.
15 : 20.	4.	1.	
15 : 21.	4.	2.	3.
15 : 22.	4.	3.	6.
15 : 23.	4.	4.	9.
15 : 24.	5.	0.	
16 : 18.	4.	0.	
16 : 19.	4.	1.	4.
16 : 20.	4.	2.	8.
16 : 21.	4.	4.	
16 : 22.	4.	5.	4.
16 : 23.	5.	0.	8.
16 : 24.	5.	2.	

Grosseur.	piec.	pied.	pou.
17 : 19.	4.	2.	11.
17 : 20.	4.	4.	4.
17 : 21.	4.	5.	9.
17 : 22.	5.	1.	2.
17 : 23.	5.	2.	7.
17 : 24.	5.	4.	
18 : 20.	5.	0.	
18 : 21.	5.	1.	6.
18 : 22.	5.	3.	
18 : 23.	5.	4.	6.
18 : 24.	6.	0.	
19 : 21.	5.	3.	3.
19 : 22.	5.	4.	10.
19 : 23.	6.	0.	5.
19 : 24.	6.	2.	
20 : 22.	6.	0.	8.
20 : 23.	6.	2.	4.
20 : 24.	6.	4.	
21 : 23.	6.	4.	3.
21 : 24.	7.	0.	
22 : 23.	7.	0.	2.
22 : 24.	7.	2.	
23 : 23.	7.	2.	1.
23 : 24.	7.	4.	
24 : 24.	8.	0.	

Tarif des Droits qui doivent être payez aux Officiers des bois ouvrez & à bâtir.

Bois de Brin à 59 livres.

IL fera payé 59 livres par chacun cent de bois de Brin de toutes longueurs & groffeurs, reduit au cent de piece, fourni fur le pied d'onze cens pour mille, ou de cent dix pour cent.

Pour en connoître aifément le prix, il en a été ci-après dreffé une Table depuis une jufqu'à 110 pieces, qui font un cent fourni de 10 ; par ce moyen 27 pieces $\frac{1}{2}$ font un quarteron fourni de 2 pieces $\frac{1}{2}$; comme auffi 55 pieces un demi cent fourni de 5 pieces ; & 82 pieces $\frac{1}{2}$ pour trois quarterons fournis de 7 pieces $\frac{1}{2}$.

Pour fe fervir de cette Table, foit donné 75 pieces, en fçavoir la valeur ; faut remarquer que dans ce nombre 75 pieces, il n'y peut avoir qu'un demi cent fourni, montant à 55 pieces, & reftera 20 pieces qui n'auront point de fourniture.

Cherchez dans la Table des bois de Brin 55 pieces, vous trouverez à côté 29 liv. 10 fols ; enfuite cherchez 20 pieces, vous trouverez 11 liv. 16 fols ; ayant joint les deux fommes enfemble, trouverez 41 liv. 6 fols pour le requis.

Autrement cherchez dans la Table 75 pieces, vous trouvez 41 liv. 16 fols, comme il vient d'être dit ci-deffus.

Etant donné 580 pieces de bois reduites, pour en fçavoir la valeur, lefquelles doivent être fournies de 10 par chacun cent, faut ôter 550 pieces de 580, reftera 30 pieces, ce fera donc 500 pieces qui feront fournies de 50 pieces.

Il faut multiplier 59 liv. prix de chaque cent de pieces, par 5, viendra au produit 295 liv. Puis cherchez dans la Table 30 pieces, trouverez 16 liv. 4 fols 6 den. que vous joindrez avec 295 liv. la fomme totale fe trouvera monter à 311 liv. 4 fols 6 den. pour la valeur des droits de 580 pieces, qui feront fournies de 52 pieces $\frac{1}{2}$.

Solives

Solives à 54 livres.

Il n'eſt pas neceſſaire de faire une Table de reduction des Solives, puiſque 2 toiſes de longueur font une piece, parceque la Solive eſt ordinairement de 6 pouces de groſ-ſeur, ou de 7 à 5 pouces, comme 170 toiſes de Solives de longueur font 85 pieces ; pour en ſçavoir la valeur, cher-chez dans la Table des Solives 85 pieces, vous trouve-rez 41 liv. 17 ſols, à raiſon de 54 liv. le cent fourni de 10 par cent.

Poteaux à 38 livres.

Il faut trois toiſes de longueur de Poteaux, pour faire une piece de bois, attendu que les Poteaux font de 4 à 6 pouces de groſſeur ; de ſorte que 360 toiſes de Poteaux font 120 pieces ; & pour en connoître la valeur, il faut en ôter 110 pieces pour un cent fourni de 10, & il reſtera 10 pieces ; le prix du cent de pieces de Poteaux eſt de 38 livres : cherchez dans la Table 10 pieces, vous trouve-rez 3 liv. 16 ſols, que vous joindrez à 38 livres ; les deux ſommes jointes enſemble ſe trouveront monter à 41 liv. 16 ſols.

Membrures à 38 livres.

Il faut quatre toiſes de longueur de Membrures pour une piece, attendu que les Membrures font de 3 à 6 pou-ces de groſſeur, ainſi 800 toiſes de longueur de Membru-res de 3 à 6, font 200 pieces ; & pour en ſçavoir la va-leur, faut ôter 110 pieces de 200, reſtera 90 pieces ; le cent de pieces eſt de 38 livres : cherchez dans la Table 90 pieces, vous trouverez 31 liv. 7 ſols, que vous joindrez enſemble, le total montera à 69 liv. 7 ſols.

Chevrons à 38 livres.

Pour les Chevrons de 4 pouces, il faut 4 toiſes $\frac{1}{2}$ de longueur pour faire une piece, ainſi 900 toiſes de longueur de Chevrons de 4 pouces de groſſeur, font 200 pieces.

Il faut ſix toiſes de longueur de Chevrons de 3 à 4 pouces de groſſeur pour faire une piece, en ſorte que 1200 toiſes de Chevrons de 3 à 4 pouces de groſſeur, font 200 pieces.

A l'égard des Chevrons de 3 pouces de groſſeur, il faut huit toiſes de longueur pour faire une piece, par ce moyen 1200 toiſes de longueur de Chevrons de 3 pouces de groſſeur ne font que 150 pieces ; & pour en ſçavoir la valeur, ôtez 110 pour un cent fourni, reſtera 40 pieces ; le prix du cent fourni eſt de 38 liv. cherchez dans la Table des Chevrons 40 pieces, vous trouverez 14 liv. 5 ſols, & ajoutez les deux ſommes enſemble, viendra 52 liv. 5 ſols pour ce que l'on demande.

Comme les Poteaux, Membrures & Chevrons ſont de même prix, il faut joindre toutes les quantitez enſemble, comme vous verrez ci-deſſous, en ôter 10 par chaque cent pour la fourniture.

Poteaux ,	120 pieces.
Membrures ,	200.
Chevrons de 4 ,	200.
Chevrons de 3 à 4 ,	200.
Chevrons de 3 ,	150.
TOTAL ,	870.
Les 10 par cent à ôter ,	770.
Reſte	100.

Il ſe trouve 700 pieces fournies de 70 pieces ; il faut multiplier 38 liv. par 7, viendra au produit 266 liv. cherchez la valeur de cent dans la Table, vous trouverez 35 livres 3 ſols ; ayant joint les deux ſommes enſemble, il viendra 301 livres 3 ſols pour la valeur des 870 pieces ci-deſſus.

Pieces.	Bois de Brin à 59 liv.			Solives à 54 liv.			Poteaux, Chevrons & Membrures à 38 liv.		
	liv.	sols.	den.	liv.	sols.	den.	liv.	sols.	den.
1.		11.	9. $\frac{3}{5}$		10.	9. $\frac{3}{5}$		7.	7. $\frac{1}{5}$
2.	1.	3.	7. $\frac{1}{5}$	1.	1.	7. $\frac{1}{5}$		15.	2. $\frac{2}{5}$
3.	1.	15.	4. $\frac{4}{5}$	1.	12.	4. $\frac{4}{5}$	1.	2.	9. $\frac{3}{5}$
4.	2.	7.	2. $\frac{2}{5}$	2.	3.	2. $\frac{2}{5}$	1.	10.	4. $\frac{4}{5}$
5.	2.	19.		2.	14.		1.	18.	
6.	3.	10.	9. $\frac{3}{5}$	3.	4.	9. $\frac{3}{5}$	2.	5.	7. $\frac{1}{5}$
7.	4.	2.	7. $\frac{1}{5}$	3.	15.	7. $\frac{1}{5}$	2.	13.	2. $\frac{2}{5}$
8.	4.	14.	4. $\frac{4}{5}$	4.	6.	4. $\frac{4}{5}$	3.	0.	9. $\frac{3}{5}$
9.	5.	6.	2. $\frac{2}{5}$	4.	17.	2. $\frac{2}{5}$	3.	8.	4. $\frac{4}{5}$
10.	5.	18.		5.	8.		3.	16.	
11.	6.	9.	9. $\frac{3}{5}$	5.	18.	9. $\frac{3}{5}$	4.	3.	7. $\frac{1}{5}$
12.	7.	1.	7. $\frac{1}{5}$	6.	9.	7. $\frac{1}{5}$	4.	11.	2. $\frac{2}{5}$
13.	7.	13.	4. $\frac{4}{5}$	7.	0.	4. $\frac{4}{5}$	4.	18.	9. $\frac{3}{5}$
14.	8.	5.	2. $\frac{2}{5}$	7.	11.	2. $\frac{2}{5}$	5.	6.	4. $\frac{4}{5}$
15.	8.	17.		8.	2.		5.	14.	
16.	9.	8.	9. $\frac{3}{5}$	8.	12.	9. $\frac{3}{5}$	6.	1.	7. $\frac{1}{5}$
17.	10.	0.	7. $\frac{1}{5}$	9.	3.	7. $\frac{1}{5}$	6.	9.	2. $\frac{2}{5}$
18.	10.	12.	4. $\frac{4}{5}$	9.	14.	4. $\frac{4}{5}$	6.	16.	9. $\frac{3}{5}$
19.	11.	4.	2. $\frac{2}{5}$	10.	5.	2. $\frac{2}{5}$	7.	4.	4. $\frac{4}{5}$
20.	11.	16.		10.	16.		7.	12.	
21.	12.	7.	9. $\frac{3}{5}$	11.	6.	9. $\frac{3}{5}$	7.	19.	7. $\frac{1}{5}$
22.	12.	19.	7. $\frac{1}{5}$	11.	17.	7. $\frac{1}{5}$	8.	7.	2. $\frac{2}{5}$
23.	13.	11.	4. $\frac{4}{5}$	12.	8.	4. $\frac{4}{5}$	8.	14.	9. $\frac{3}{5}$
24.	14.	3.	2. $\frac{2}{5}$	12.	19.	2. $\frac{2}{5}$	9.	2.	4. $\frac{4}{5}$
25.	14.	15.		13.	10.		9.	10.	
26.	14.	15.		13.	10.		9.	10.	
27.	14.	15.		13.	10.		9.	10.	
27$\frac{1}{2}$.	14.	15.		13.	10.		9.	10.	

Pieces.	Bois de Brin à 59 liv.			Solives à 54 liv.			Poteaux, Chevrons & Membrures à 38 liv.		
	liv.	sols.	den.	liv.	sols.	den.	liv.	sols.	den.
28.	15	0	10 4/5	13	15	4 4/5	9	13	9 3/5
29.	15	12	8 2/5	14	6	2 2/5	10	1	4 4/5
30.	16	4	6	14	17		10	9	
31.	16	16	3 3/5	15	7	9 3/5	10	10	7 1/5
32.	17	8	1 1/5	15	18	7 1/5	11	4	2 2/5
33.	17	19	10 4/5	16	9	4 4/5	11	11	9 3/5
34.	18	11	8 2/5	17	0	2 2/5	11	19	4 4/5
35.	19	3	6	17	11		12	7	
36.	19	15	3 3/5	18	1	9 3/5	12	14	7 1/5
37.	20	7	1 1/5	18	12	7 1/5	13	2	2 2/5
38.	20	18	10 4/5	19	3	4 4/5	13	9	9 3/5
39.	21	10	8 2/5	19	14	2 2/5	13	17	4 4/5
40.	22	2	6	20	5		14	5	
41.	22	14	3 3/5	20	15	9 3/5	14	12	7 1/5
42.	23	6	1 1/5	21	6	7 1/5	15	0	2 2/5
43.	23	17	10 4/5	21	17	4 4/5	15	7	9 3/5
44.	24	9	8 2/5	22	8	2 2/5	15	4	4 4/5
45.	25	1	6	22	19		16	3	
46.	25	13	3 3/5	23	9	9 3/5	16	10	7 1/5
47.	26	5	1 1/5	24	0	7 1/5	16	18	2 2/5
48.	26	16	10 4/5	24	11	4 4/5	17	5	9 3/5
49.	27	8	8 2/5	25	2	2 2/5	13	13	4 4/5
50.	28	0	6	25	13		18	1	
51.	28	12	3 3/5	26	3	9 3/5	18	8	7 1/5
52.	29	4	1 1/5	26	14	7 1/5	18	16	2 2/5
52 1/2.	29	10		27	0		19	0	
53.	29	10		27	0		19	0	
54.	29	10		27	0		19	0	
55.	29	10		27	0		19	0	

Bois de Brin à 59 liv.				Solives à 54 liv.			Poteaux, Chevrons & Membrures à 38 liv.		
Pieces.	liv.	sols.	den.	liv.	sols.	den.	liv.	sols.	den.
56.	30.	1.	9. $\frac{3}{5}$.	27.	10.	9. $\frac{3}{5}$.	19.	7.	7. $\frac{1}{5}$.
57.	30.	13.	7. $\frac{1}{5}$.	28.	1.	7. $\frac{1}{5}$.	19.	15.	2. $\frac{2}{5}$.
58.	31.	5.	4. $\frac{4}{5}$.	28.	12.	4. $\frac{4}{5}$.	20.	2.	9. $\frac{3}{5}$.
59.	31.	17.	2. $\frac{2}{5}$.	29.	3.	2. $\frac{2}{5}$.	20.	10.	4. $\frac{4}{5}$.
60.	32.	9.		29.	14.		20.	18.	
61.	33.	0.	9. $\frac{3}{5}$.	30.	4.	9. $\frac{3}{5}$.	21.	5.	7. $\frac{1}{5}$.
62.	33.	12.	7. $\frac{1}{5}$.	30.	15.	7. $\frac{1}{5}$.	21.	13.	2. $\frac{2}{5}$.
63.	34.	4.	4. $\frac{4}{5}$.	31.	6.	4. $\frac{4}{5}$.	22.	0.	9. $\frac{3}{5}$.
64.	34.	16.	2. $\frac{2}{5}$.	31.	17.	2. $\frac{2}{5}$.	22.	8.	4. $\frac{4}{5}$.
65.	35.	8.		32.	8.		22.	16.	
66.	35.	19.	9. $\frac{3}{5}$.	32.	18.	9. $\frac{3}{5}$.	23.	3.	7. $\frac{1}{5}$.
67.	36.	11.	7. $\frac{1}{5}$.	33.	9.	7. $\frac{1}{5}$.	23.	11.	2. $\frac{2}{5}$.
68.	37.	3.	4. $\frac{4}{5}$.	34.	0.	4. $\frac{4}{5}$.	23.	18.	9. $\frac{3}{5}$.
69.	37.	15.	2. $\frac{2}{5}$.	34.	11.	2. $\frac{2}{5}$.	24.	6.	4. $\frac{4}{5}$.
70.	38.	7.		35.	2.		24.	14.	
71.	38.	18.	9. $\frac{3}{5}$.	35.	12.	9. $\frac{3}{5}$.	25.	1.	7. $\frac{1}{5}$.
72.	39.	10.	7. $\frac{1}{5}$.	36.	3.	7. $\frac{1}{5}$.	25.	9.	2. $\frac{2}{5}$.
73.	40.	2.	4. $\frac{4}{5}$.	36.	14.	4. $\frac{4}{5}$.	25.	16.	9. $\frac{3}{5}$.
74.	40.	14.	2. $\frac{2}{5}$.	37.	5.	2. $\frac{2}{5}$.	26.	4.	4. $\frac{4}{5}$.
75.	41.	6.		37.	16.		26.	12.	
76.	41.	17.	9. $\frac{3}{5}$.	38.	6.	9. $\frac{3}{5}$.	26.	19.	7. $\frac{1}{5}$.
77.	42.	9.	7. $\frac{1}{5}$.	38.	17.	7. $\frac{1}{5}$.	27.	7.	2. $\frac{2}{5}$.
78.	43.	1.	4. $\frac{4}{5}$.	39.	8.	4. $\frac{4}{5}$.	27.	14.	9. $\frac{3}{5}$.
79.	43.	13.	2. $\frac{2}{5}$.	39.	19.	2. $\frac{2}{5}$.	28.	2.	4. $\frac{4}{5}$.
80.	44.	5.		40.	10.		28.	10.	
81.	44.	5.		40.	10.		28.	10.	
82.	44.	5.		40.	10.		28.	10.	
82$\frac{1}{2}$.	44.	5.		40.	10.		28.	10.	

Pieces.	Bois de Brin à 59 liv.			Solives à 54 liv.			Poteaux, Chevrons & Membrures à 38 liv.		
	liv.	sols.	den.	liv.	sols.	den.	liv.	sols.	den.
83.	44.	10.	10. 4/5	40.	15.	4. 4/5	28.	13.	9. 3/5
84.	45.	2.	8. 2/5	41.	6.	2. 2/5	29.	1.	4. 4/5
85.	45.	14.	6.	41.	17.		29.	9.	
86.	46.	6.	3. 3/5	42.	7.	9. 3/5	29.	16.	7. 1/5
87.	46.	18.	1. 1/5	42.	18.	7. 1/5	30.	4.	2. 2/5
88.	47.	9.	10. 4/5	43.	9.	4. 4/5	30.	11.	9. 3/5
89.	48.	1.	8. 2/5	44.	0.	2. 2/5	30.	19.	4. 4/5
90.	48.	13.	6.	44.	11.		31.	7.	
91.	49.	5.	3. 3/5	45.	1.	9. 3/5	31.	14.	7. 1/5
92.	49.	17.	1. 1/5	45.	12.	7. 1/5	32.	2.	2. 2/5
93.	50.	8.	10. 4/5	46.	3.	4. 4/5	32.	9.	9. 3/5
94.	51.	0.	8. 2/5	46.	14.	2. 2/5	32.	17.	4. 4/5
95.	51.	12.	6.	47.	5.		33.	5.	
96.	52.	4.	3. 3/5	47.	15.	9. 3/5	33.	12.	7. 1/5
97.	52.	16.	1. 1/5	48.	6.	7. 1/5	34.	0.	2. 2/5
98.	53.	7.	10. 4/5	48.	17.	4. 4/5	34.	7.	9. 3/5
99.	53.	19.	8. 2/5	49.	8.	2. 2/5	34.	15.	4. 4/5
100.	54.	11.	6.	49.	19.		35.	3.	
101.	55.	3.	3. 3/5	50.	9.	9. 3/5	35.	10.	7. 1/5
102.	55.	15.	1. 1/5	51.	0.	7. 1/5	35.	18.	2. 2/5
103.	56.	6.	10. 4/5	51.	11.	4. 4/5	36.	5.	9. 3/5
104.	56.	18.	8. 2/5	52.	2.	2. 2/5	36.	13.	4. 4/5
105.	57.	10.	6.	52.	13.		37.	1.	
106.	58.	2.	3. 3/5	53.	3.	9. 3/5	37.	8.	7. 1/5
107.	58.	14.	1. 1/5	53.	14.	7. 1/5	37.	16.	2. 2/5
107½.	59.	0.		54.	0.		38.	0.	
108.	59.	0.		54.	0.		38.	0.	
109.	59.	0.		54.	0.		38.	0.	
110.	59.	0.		54.	0.		38.	0.	

Bois de Brin à 59 liv.			Solives à 54 liv.			Poteaux, Chevrons & Membrures à 38 liv.		
Pieces.	liv.	sols.	den.	liv.	sols.	den.	liv.	sols.	den.
220.	118.	0.		108.			76.		
330.	177.	0.		162.			114.		
440.	236.	0.		216.			152.		
550.	295.	0.		270.			190.		
660.	354.	0.		324.			208.		
770.	413.	0.		378.			266.		
880.	472.	0.		432.			304.		
990.	531.	0.		486.			342.		
1100.	590.	0.		540.			380.		

Il suit ci-après une autre Table des bois de Brin, Solives, Poteaux, Chevrons & Membrures, dans laquelle sont déduits les 10 par chacun cent, comme aussi $7\frac{1}{2}$ pour trois quarterons, 55 pour demi cent, & $2\frac{1}{2}$ pour quarteron.

Soit pour exemple 870 pieces de Poteaux, Chevrons & Membrures, comme ci-devant ; il faut premierement ôter 770 pieces de 870, reste 100 pieces, desquelles vous ôterez $7\frac{1}{2}$ pour trois quarterons, restera 92 pieces $\frac{1}{2}$; ayant multiplié 38 liv. par 7, viendra 266 liv. cherchez dans la Table suivante la valeur de 92 pieces, vous trouverez 34 liv. 19 sols 2 den. $\frac{2}{5}$; puis prenez la moitié d'une piece de 7 sols 7 den. $\frac{1}{5}$, viendra 3 sols 9 den. $\frac{3}{5}$; le tout joint ensemble, monte à la somme de 301 livres 3 sols, comme ci-devant.

Pieces.	Bois de Brin à 59 liv.			Solives à 54 liv.			Poteaux, Chevrons & Membrures à 38 liv.		
	liv.	sols.	den.	liv.	sols.	den.	liv.	sols.	den.
1.		11.	9. 3/5		10.	9. 3/5		7.	7. 1/5
2.	1.	3.	7. 1/5	1.	1.	7. 1/5		15.	2. 2/5
3.	1.	15.	4. 4/5	1.	12.	4. 4/5	1.	2.	9. 3/5
4.	2.	7.	2. 2/5	2.	3.	2. 2/5	1.	10.	4. 4/5
5.	2.	19.		2.	14.		1.	18.	
6.	3.	10.	9. 3/5	3.	4.	9. 3/5	2.	5.	7. 1/5
7.	4.	2.	7. 1/5	3.	15.	7. 1/5	2.	13.	2. 2/5
8.	4.	14.	4. 4/5	4.	6.	4. 4/5	3.	0.	9. 3/5
9.	5.	6.	2. 2/5	4.	17.	2. 2/5	3.	8.	4. 4/5
10.	5.	18.		5.	8.		3.	16.	
11.	6.	9.	9. 3/5	5.	18.	9. 3/5	4.	3.	7. 1/5
12.	7.	1.	7. 1/5	6.	9.	7. 1/5	4.	11.	2. 2/5
13.	7.	13.	4. 4/5	7.	0.	4. 4/5	4.	18.	9. 3/5
14.	8.	5.	2. 2/5	7.	11.	2. 2/5	5.	6.	4. 4/5
15.	8.	17.		8.	2.		5.	14.	
16.	9.	8.	9. 3/5	8.	12.	9. 3/5	6.	1.	7. 1/5
17.	10.	0.	7. 1/5	9.	3.	7. 1/5	6.	9.	2. 2/5
18.	10.	12.	4. 4/5	9.	14.	4. 4/5	6.	16.	9. 3/5
19.	11.	4.	2. 2/5	10.	5.	2. 2/5	7.	4.	4. 4/5
20.	11.	16.		10.	16.		7.	12.	
21.	12.	7.	9. 3/5	11.	6.	9. 3/5	7.	19.	7. 1/5
22.	12.	19.	7. 1/5	11.	17.	7. 1/5	8.	7.	2. 2/5
23.	13.	11.	4. 4/5	12.	8.	4. 4/5	8.	14.	9. 3/5
24.	14.	3.	2. 2/5	12.	19.	2. 2/5	9.	2.	4. 4/5
25.	14.	15.		13.	10.		9.	10.	
26.	15.	6.	9. 3/5	14.	0.	9. 3/5	9.	17.	7. 1/5
27.	15.	18.	7. 1/5	14.	11.	7. 1/5	10.	5.	2. 2/5
28.	16.	10.	4. 4/5	15.	2.	4. 4/5	10.	12.	9. 3/5
29.	17.	2.	2. 2/5	15.	13.	2. 2/5	11.	0.	4. 4/5
30.	17.	14.		16.	4.		11.	8.	

Pieces.	Bois de Brin à 59 liv.				Solives à 54 liv.				Poteaux, Chevrons & Membrures à 38 liv.		
	liv.	sols.	den.		liv.	sols.	den.		liv.	sols.	den.
31.	18.	5.	9. $\frac{3}{5}$		16.	14.	9. $\frac{3}{5}$		11.	15.	7. $\frac{1}{5}$
32.	18.	17.	7. $\frac{1}{5}$		17.	5.	7. $\frac{1}{5}$		12.	3.	2. $\frac{2}{5}$
33.	19.	9.	4. $\frac{4}{5}$		17.	16.	4. $\frac{4}{5}$		12.	10.	9. $\frac{3}{5}$
34.	20.	1.	2. $\frac{2}{5}$		18.	7.	2. $\frac{2}{5}$		12.	18.	4. $\frac{4}{5}$
35.	20.	13.			18.	18.			13.	6.	
36.	21.	4.	9. $\frac{3}{5}$		19.	8.	9. $\frac{3}{5}$		13.	13.	7. $\frac{1}{5}$
37.	21.	16.	7. $\frac{1}{5}$		19.	19.	7. $\frac{1}{5}$		14.	1.	2. $\frac{2}{5}$
38.	22.	8.	4. $\frac{4}{5}$		20.	10.	4. $\frac{4}{5}$		14.	8.	9. $\frac{3}{5}$
39.	23.	0.	2. $\frac{2}{5}$		21.	1.	2. $\frac{2}{5}$		14.	16.	4. $\frac{4}{5}$
40.	23.	12.			21.	12.			15.	4.	
41.	24.	3.	9. $\frac{3}{5}$		22.	2.	9. $\frac{3}{5}$		15.	11.	7. $\frac{1}{5}$
42.	24.	15.	7. $\frac{1}{5}$		22.	13.	7. $\frac{1}{5}$		15.	19.	2. $\frac{2}{5}$
43.	25.	7.	4. $\frac{4}{5}$		23.	4.	4. $\frac{4}{5}$		16.	16.	9. $\frac{3}{5}$
44.	25.	19.	2. $\frac{2}{5}$		23.	15.	2. $\frac{2}{5}$		16.	14.	4. $\frac{4}{5}$
45.	26.	11.			24.	6.			17.	2.	
46.	27.	2.	9. $\frac{3}{5}$		24.	16.	9. $\frac{3}{5}$		17.	9.	7. $\frac{1}{5}$
47.	27.	14.	7. $\frac{1}{5}$		25.	7.	7. $\frac{1}{5}$		17.	17.	2. $\frac{2}{5}$
48.	28.	6.	4. $\frac{4}{5}$		25.	18.	4. $\frac{4}{5}$		18.	4.	9. $\frac{3}{5}$
49.	28.	18.	2. $\frac{2}{5}$		26.	9.	2. $\frac{2}{5}$		18.	12.	4. $\frac{4}{5}$
50.	29.	10.			27.	0.			19.	0.	
51.	30.	1.	9. $\frac{3}{5}$		27.	10.	9. $\frac{3}{5}$		19.	7.	7. $\frac{1}{5}$
52.	30.	13.	7. $\frac{1}{5}$		28.	1.	7. $\frac{1}{5}$		19.	15.	2. $\frac{2}{5}$
53.	31.	5.	4. $\frac{4}{5}$		28.	12.	4. $\frac{4}{5}$		20.	2.	9. $\frac{3}{5}$
54.	31.	17.	2. $\frac{2}{5}$		29.	3.	2. $\frac{2}{5}$		20.	10.	4. $\frac{4}{5}$
55.	32.	9.			29.	14.			20.	18.	
56.	33.	0.	9. $\frac{3}{5}$		30.	4.	9. $\frac{3}{5}$		21.	5.	7. $\frac{1}{5}$
57.	33.	12.	7. $\frac{1}{5}$		30.	15.	7. $\frac{1}{5}$		21.	13.	2. $\frac{2}{5}$
58.	34.	4.	4. $\frac{4}{5}$		31.	6.	4. $\frac{4}{5}$		22.	0.	9. $\frac{3}{5}$
59.	34.	16.	2. $\frac{2}{5}$		31.	17.	2. $\frac{2}{5}$		22.	8.	4. $\frac{4}{5}$
60.	35.	8.			32.	8.			22.	16.	

D

Pieces.	Bois de Brin à 59 liv.			Solives à 54 liv.			Poteaux, Chevrons & Membrures à 38 liv.		
	liv.	sols.	den.	liv.	sols.	den.	liv.	sols.	den.
61.	35.	19.	9. $\frac{3}{5}$	32.	18.	9. $\frac{3}{5}$	23.	3.	7. $\frac{1}{5}$
62.	36.	11.	7. $\frac{1}{5}$	33.	9.	7. $\frac{1}{5}$	23.	11.	2. $\frac{2}{5}$
63.	37.	3.	4. $\frac{4}{5}$	34.	0.	4. $\frac{4}{5}$	23.	18.	9. $\frac{3}{5}$
64.	37.	15.	2. $\frac{2}{5}$	34.	11.	2. $\frac{2}{5}$	24.	6.	4. $\frac{4}{5}$
65.	38.	7.		35.	2.		24.	14.	
66.	38.	18.	9. $\frac{3}{5}$	35.	12.	9. $\frac{3}{5}$	25.	1.	7. $\frac{1}{5}$
67.	39.	10.	7. $\frac{1}{5}$	36.	3.	7. $\frac{1}{5}$	25.	9.	2. $\frac{2}{5}$
68.	40.	2.	4. $\frac{4}{5}$	36.	14.	4. $\frac{4}{5}$	25.	16.	9. $\frac{3}{5}$
69.	40.	14.	2. $\frac{2}{5}$	37.	5.	2. $\frac{2}{5}$	26.	4.	4. $\frac{4}{5}$
70.	41.	6.		37.	16.		26.	12.	
71.	41.	17.	9. $\frac{3}{5}$	38.	6.	9. $\frac{3}{5}$	26.	19.	7. $\frac{1}{5}$
72.	42.	9.	7. $\frac{1}{5}$	38.	17.	7. $\frac{1}{5}$	27.	7.	2. $\frac{2}{5}$
73.	43.	1.	4. $\frac{4}{5}$	39.	8.	4. $\frac{4}{5}$	27.	14.	9. $\frac{3}{5}$
74.	43.	13.	2. $\frac{2}{5}$	39.	19.	2. $\frac{2}{5}$	28.	2.	4. $\frac{4}{5}$
75.	44.	5.		40.	10.		28.	10.	
76.	44.	16.	9. $\frac{3}{5}$	41.	0.	9. $\frac{3}{5}$	28.	17.	7. $\frac{1}{5}$
77.	45.	8.	7. $\frac{1}{5}$	41.	11.	7. $\frac{1}{5}$	29.	5.	2. $\frac{2}{5}$
78.	46.	0.	4. $\frac{4}{5}$	42.	2.	4. $\frac{4}{5}$	29.	12.	9. $\frac{3}{5}$
79.	46.	12.	2. $\frac{2}{5}$	42.	13.	2. $\frac{2}{5}$	30.	0.	4. $\frac{4}{5}$
80.	47.	4.		43.	4.		30.	8.	
81.	47.	15.	9. $\frac{3}{5}$	43.	14.	9. $\frac{3}{5}$	30.	15.	7. $\frac{1}{5}$
82.	48.	7.	7. $\frac{1}{5}$	44.	5.	7. $\frac{1}{5}$	31.	3.	2. $\frac{2}{5}$
83.	48.	19.	4. $\frac{4}{5}$	44.	16.	4. $\frac{4}{5}$	31.	10.	9. $\frac{3}{5}$
84.	49.	11.	2. $\frac{2}{5}$	45.	7.	2. $\frac{2}{5}$	31.	18.	4. $\frac{4}{5}$
85.	50.	3.		45.	18.		32.	6.	
86.	50.	14.	9. $\frac{3}{5}$	46.	8.	9. $\frac{3}{5}$	32.	13.	7. $\frac{1}{5}$
87.	51.	6.	7. $\frac{1}{5}$	46.	19.	7. $\frac{1}{5}$	33.	1.	2. $\frac{2}{5}$
88.	51.	18.	4. $\frac{4}{5}$	47.	10.	4. $\frac{4}{5}$	33.	8.	9. $\frac{3}{5}$
89.	52.	10.	2. $\frac{2}{5}$	48.	1.	2. $\frac{2}{5}$	33.	16.	4. $\frac{4}{5}$
90.	53.	2.		48.	12.		34.	4.	

Bois de Brin à 59 liv.					Solives à 54 liv.				Poteaux, Chevrons & Membrures à 38 liv.			
Pieces.	liv.	sols.	den.		liv.	sols.	den.		liv.	sols.	den.	
91.	53.	13.	9.	$\frac{3}{5}$	49.	2.	9.	$\frac{3}{5}$	34.	11.	7.	$\frac{1}{5}$
92.	54.	5.	7.	$\frac{1}{5}$	49.	13.	7.	$\frac{1}{5}$	34.	19.	2.	$\frac{2}{5}$
93.	54.	17.	4.	$\frac{4}{5}$	50.	4.	4.	$\frac{4}{5}$	35.	6.	9.	$\frac{3}{5}$
94.	55.	9.	2.	$\frac{2}{5}$	50.	15.	2.	$\frac{2}{5}$	35.	14.	4.	$\frac{4}{5}$
95.	56.	1.			51.	6.			36.	2.		
96.	56.	12.	9.	$\frac{3}{5}$	51.	16.	9.	$\frac{3}{5}$	36.	9.	7.	$\frac{1}{5}$
97.	57.	4.	7.	$\frac{1}{5}$	52.	7.	7.	$\frac{1}{5}$	36.	17.	2.	$\frac{2}{5}$
98.	57.	16.	4.	$\frac{4}{5}$	52.	18.	4.	$\frac{4}{5}$	37.	4.	9.	$\frac{3}{5}$
99.	58.	8.	2.	$\frac{2}{5}$	53.	9.	2.	$\frac{2}{5}$	37.	12.	4.	$\frac{4}{5}$
100.	59.	0.			54.	0.			38.	0.		
200.	118.				108.				76.			
300.	177.				162.				114.			
400.	236.				216.				152.			
500.	295.				270.				190.			
600.	354.				324.				228.			
700.	413.				378.				266.			
800.	472.				432.				304.			
900.	531.				486.				342.			
1000.	590.				540.				380.			

Planches de sciage chesne.

LEs Planches de sciage chesne doivent être reduites en toises selon leurs longueurs & épaisseurs.

Planches de 12 pieds, à 13 livres.

Il faut doubler la quantité des Planches de 12 pieds qui font deux toises, & d'un pouce d'épaisseur.

Soit donné 150 Planches de 12 pieds, lesquelles il faut

multiplier par 2 toifes, viendra 300 toifes ; & pour en fçavoir la valeur, faut ôter 220 toifes de 300, qui font 200 fournies de 10 chacun cent, reftera 80 toifes ; les 200 toifes valent 26 livres à raifon de 13 livres par cent fourni de 10. Cherchez dans la Table 80 toifes, vous trouverez 9 liv.15 fols, que vous joindrez à 26 livres, la fomme totale monte à la fomme de 35 liv.15 fols.

150 Planches de 12 pieds de longueur chacune, d'un pouce & demi d'épaiffeur ; faut multiplier les 150 Planches par 2 toifes, viendra 300 toifes, & y ajouter le tiers qui monte à 100 toifes, viendra au produit 400 toifes.

Si les 150 Planches de 12 pieds de longueur étoient de deux pouces d'épaiffeur, faut multiplier comme deffus 150 Planches par 2 toifes, viendra 300 toifes, qu'il faut doubler à caufe des 2 pouces, viendra 600 toifes.

Planches de 9 pieds à 11 livres.

Pour faire la reduction des Planches de 9 pieds fur un pouce d'épaiffeur, faut prendre la moitié du nombre des Planches, que vous joindrez avec le même nombre.

Soit donné 300 Planches de 9 pieds fur un pouce d'épaiffeur, faut prendre la moitié de 300, viendra 150 toifes, & joindre le tout enfemble, qui montera à 450 toifes.

Si ces 300 Planches de 9 pieds avoient un pouce $\frac{1}{2}$ d'épaiffeur, faut faire comme deffus, joindre le nombre des Planches avec la moitié de ce même nombre, viendra 450 toifes, & en prendre le tiers, viendra 150 toifes, & joindre le tout enfemble, vous trouverez 600 toifes de Planches.

Si ces 300 Planches de 9 pieds étoient de 2 pouces d'épaiffeur, ayant joint le nombre avec fa moitié, monteront enfemble a 450 toifes, qu'il faut doubler à caufe des 2 pouces, vous trouverez 900 toifes pour ce que l'on demande.

Sciage de noyer, cormier, poirier, &c. en Planches, Chevrons & Membrures à 11 livres.

Il faut reduire les Planches, Chevrons & Membrures de fciage de noyer, cormier, poirier & autres en toifes, comme de fept pieds, faut joindre le fixiéme du nombre enfemble ; pour 8 pieds, le tiers ; 9 pieds, la moitié ; 10 pieds, les deux tiers ; 11 pieds, la moitié & le tiers ; & pour 12 pieds, le multiplier par 2 toifes, & qui doivent être fournis de 10 par chacun cent, & payé à raifon de 11 livres, comme la Planche de 9 pieds.

Soit donné 300 Planches de 11 pieds, pour en faire la reduction, faut prendre la moitié de 300, viendra 150 ; faut prendre le tiers de 300 qui fera 100, faut joindre enfemble le nombre entier 300, la moitié 150, & le tiers 100, vous trouverez 550 toifes ; pour en fçavoir la valeur, faut confiderer qu'il y a 500 toifes qui feront fournies de chacun 10 ; faut donc multiplier 5 par 11 livres, viendra 55 liv. pour ce que l'on demande ; ou bien cherchez dans la colonne 550, vous trouverez 55 liv. comme ci-devant.

Planches de 6 pieds, à 6 livres 10 fols.

Les Planches de 6 pieds fur un pied d'épaiffeur, font reduites d'elles-mêmes, & quand elles font d'un pouce $\frac{1}{2}$, il y faut joindre le tiers, & de deux pouces, il les faut doubler : 270 Planches de 6 pieds fur un pouce $\frac{1}{2}$ d'épaiffeur, faut prendre le tiers de 270, viendra 90, que vous joindrez enfemble, vous trouverez 360 toifes.

270 Planches de 6 pieds fur deux pouces d'épaiffeur, faut doubler 270, trouverez 540 toifes.

Suit ci-après une Table des Planches fufdites, defquelles les 10 par cent n'ont point été déduits.

Planches chesne de 12 pieds à 13 livres.				Planches chesne de 9 pieds, noyer & poirier, à 11 liv.			Planches chesne de 6 pieds, à 6 livres 10 sols.		
Toises.	liv.	sols.	den.	liv.	sols.	den.	liv.	sols.	den.
1.		2.	$7\frac{1}{5}$		2.	$2\frac{2}{5}$		1.	$3\frac{3}{5}$
2.		5.	$2\frac{2}{5}$		4.	$4\frac{4}{5}$		2.	$7\frac{1}{5}$
3.		7.	$9\frac{3}{5}$		6.	$7\frac{1}{5}$		3.	$10\frac{4}{5}$
4.		10.	$4\frac{4}{5}$		8.	$9\frac{3}{5}$		5.	$2\frac{2}{5}$
5.		13.			11.			6.	6.
6.		15.	$7\frac{1}{5}$		13.	$2\frac{2}{5}$		7.	$9\frac{3}{5}$
7.		18.	$2\frac{2}{5}$		15.	$4\frac{4}{5}$		9.	$1\frac{1}{5}$
8.	1.	0.	$9\frac{3}{5}$		17.	$7\frac{1}{5}$		10.	$4\frac{4}{5}$
9.	1.	3.	$4\frac{4}{5}$		19.	$9\frac{3}{5}$		11.	$8\frac{2}{5}$
10.	1.	6.		1.	2.			13.	
11.	1.	8.	$7\frac{1}{5}$	1.	4.	$2\frac{2}{5}$		14.	$3\frac{3}{5}$
12.	1.	11.	$2\frac{2}{5}$	1.	6.	$4\frac{4}{5}$		15.	$7\frac{1}{5}$
13.	1.	13.	$9\frac{3}{5}$	1.	8.	$7\frac{1}{5}$		16.	$10\frac{4}{5}$
14.	1.	16.	$4\frac{4}{5}$	1.	10.	$9\frac{3}{5}$		18.	$2\frac{2}{5}$
15.	1.	19.		1.	13.			19.	6.
16.	2.	1.	$7\frac{1}{5}$	1.	15.	$2\frac{2}{5}$	1.	0.	$9\frac{3}{5}$
17.	2.	4.	$2\frac{2}{5}$	1.	17.	$4\frac{4}{5}$	1.	2.	$1\frac{1}{5}$
18.	2.	6.	$9\frac{3}{5}$	1.	19.	$7\frac{1}{5}$	1.	3.	$4\frac{4}{5}$
19.	2.	9.	$4\frac{4}{5}$	2.	1.	$9\frac{3}{5}$	1.	4.	$8\frac{2}{5}$
20.	2.	12.		2.	4.		1.	6.	
21.	2.	14.	$7\frac{1}{5}$	2.	6.	$2\frac{2}{5}$	1.	7.	$3\frac{3}{5}$
22.	2.	17.	$2\frac{2}{5}$	2.	8.	$4\frac{4}{5}$	1.	8.	$7\frac{1}{5}$
23.	2.	19.	$9\frac{3}{5}$	2.	10.	$7\frac{1}{5}$	1.	9.	$10\frac{4}{5}$
24.	3.	2.	$4\frac{4}{5}$	2.	12.	$9\frac{3}{5}$	1.	11.	$2\frac{2}{5}$
25.	3.	5.		2.	15.		1.	12.	6.
26.	3.	5.		2.	15.		1.	12.	6.
27.	3.	5.		2.	15.		1.	12.	6.
$27\frac{1}{2}$	3.	5.		2.	15.		1.	12.	6.

Toises.	Planches chesne de 12 pieds à 13 livres.			Planches chesne de 9 pieds, noyer & poirier, à 11 liv.			Planches chesne de 6 pieds, à 6 livres 10 sols.		
	liv.	sols.	den.	liv.	sols.	den.	liv.	sols.	den.
28.	3.	6.	3. $\frac{3}{5}$	2.	16.	1. $\frac{1}{5}$	1.	13.	1. $\frac{4}{5}$
29.	3.	8.	10. $\frac{4}{5}$	2.	18.	3. $\frac{3}{5}$	1.	14.	5. $\frac{2}{5}$
30.	3.	11.	6.	3.	0.	6	1.	15.	9.
31.	3.	14.	1. $\frac{1}{5}$	3.	2.	8. $\frac{2}{5}$	1.	17.	0. $\frac{3}{5}$
32.	3.	16.	8. $\frac{2}{5}$	3.	4.	10. $\frac{4}{5}$	1.	18.	4. $\frac{1}{5}$
33.	3.	19.	3. $\frac{3}{5}$	3.	7.	1. $\frac{1}{5}$	1.	19.	7. $\frac{4}{5}$
34.	4.	1.	10. $\frac{4}{5}$	3.	9.	3. $\frac{3}{5}$	2.	0.	11. $\frac{2}{5}$
35.	4.	4.	6.	3.	11.	6.	2.	2.	3.
36.	4.	7.	1. $\frac{1}{5}$	3.	13.	8. $\frac{2}{5}$	2.	3.	6. $\frac{3}{5}$
37.	4.	9.	8. $\frac{2}{5}$	3.	15.	10. $\frac{4}{5}$	2.	4.	10. $\frac{1}{5}$
38.	4.	12.	3. $\frac{3}{5}$	3.	18.	1. $\frac{1}{5}$	2.	6.	1. $\frac{4}{5}$
39.	4.	14.	10. $\frac{4}{5}$	4.	0.	3. $\frac{3}{5}$	2.	7.	5. $\frac{2}{5}$
40.	4.	17.	6.	4.	2.	6.	2.	8.	9.
41.	5.	0.	1. $\frac{1}{5}$	4.	4.	8. $\frac{2}{5}$	2.	10.	0. $\frac{3}{5}$
42.	5.	2.	8. $\frac{2}{5}$	4.	6.	10. $\frac{4}{5}$	2.	11.	4. $\frac{1}{5}$
43.	5.	5.	3. $\frac{3}{5}$	4.	9.	1. $\frac{1}{5}$	2.	12.	7. $\frac{4}{5}$
44.	5.	7.	10. $\frac{4}{5}$	4.	11.	3. $\frac{3}{5}$	2.	13.	11. $\frac{2}{5}$
45.	5.	10.	6.	4.	13.	6.	2.	15.	3.
46.	5.	13.	1. $\frac{1}{5}$	4.	15.	8. $\frac{2}{5}$	2.	16.	6. $\frac{3}{5}$
47.	5.	15.	8. $\frac{2}{5}$	4.	17.	10. $\frac{4}{5}$	2.	17.	10. $\frac{1}{5}$
48.	5.	18.	3. $\frac{3}{5}$	5.	0.	1. $\frac{1}{5}$	2.	19.	1. $\frac{4}{5}$
49.	6.	0.	10. $\frac{4}{5}$	5.	2.	3. $\frac{3}{5}$	3.	0.	5. $\frac{2}{5}$
50.	6.	3.	6.	5.	4.	6.	3.	1.	9.
51.	6.	6.	1. $\frac{1}{5}$	5.	6.	8. $\frac{2}{5}$	3.	3.	0. $\frac{3}{5}$
52.	6.	8.	8. $\frac{2}{5}$	5.	8.	10. $\frac{4}{5}$	3.	4.	4. $\frac{1}{5}$
52 $\frac{1}{2}$.	6.	10.		5.	10.		3.	5.	
53.	6.	10.		5.	10.		3.	5.	
54.	6.	10.		5.	10.		3.	5.	
55.	6.	10.		5.	10.		3.	5.	

Planches chesne de 12 pieds à 13 livres.				Planches chesne de 9 pieds, noyer & poirier, à 11 liv.			Planches chesne de 6 pieds, à 6 livres 10 sols.		
Toises.	liv.	sols.	den.	liv.	sols.	den.	liv.	sols.	den.
56.	6.	12.	7. $\frac{1}{5}$	5.	12.	2. $\frac{2}{5}$	3.	6.	3. $\frac{3}{5}$
57.	6.	15.	2. $\frac{2}{5}$	5.	14.	4. $\frac{4}{5}$	3.	7.	7. $\frac{1}{5}$
58.	6.	17.	9. $\frac{3}{5}$	5.	16.	7. $\frac{1}{5}$	3.	8.	10. $\frac{4}{5}$
59.	7.	0.	4. $\frac{4}{5}$	5.	18.	9. $\frac{3}{5}$	3.	10.	2. $\frac{2}{5}$
60.	7.	3.		6.	1.		3.	11.	6.
61.	7.	5.	7. $\frac{1}{5}$	6.	3.	2. $\frac{2}{5}$	3.	12.	9. $\frac{3}{5}$
62.	7.	8.	2. $\frac{2}{5}$	6.	5.	4. $\frac{4}{5}$	3.	14.	1. $\frac{1}{5}$
63.	7.	10.	9. $\frac{3}{5}$	6.	7.	7. $\frac{1}{5}$	3.	15.	4. $\frac{4}{5}$
64.	7.	13.	4. $\frac{4}{5}$	6.	9.	9. $\frac{3}{5}$	3.	16.	8. $\frac{2}{5}$
65.	7.	16.		6.	12.		3.	18.	
66.	7.	18.	7. $\frac{1}{5}$	6.	14.	2. $\frac{2}{5}$	3.	19.	3. $\frac{3}{5}$
67.	8.	1.	2. $\frac{2}{5}$	6.	16.	4. $\frac{4}{5}$	4.	0.	7. $\frac{1}{5}$
68.	8.	3.	9. $\frac{3}{5}$	6.	18.	7. $\frac{1}{5}$	4.	1.	10. $\frac{4}{5}$
69.	8.	6.	4. $\frac{4}{5}$	7.	0.	9. $\frac{3}{5}$	4.	3.	2. $\frac{2}{5}$
70.	8.	9.		7.	3.		4.	4.	6.
71.	8.	11.	7. $\frac{1}{5}$	7.	5.	2. $\frac{2}{5}$	4.	5.	9. $\frac{3}{5}$
72.	8.	14.	2. $\frac{2}{5}$	7.	7.	4. $\frac{4}{5}$	4.	7.	1. $\frac{1}{5}$
73.	8.	16.	9. $\frac{3}{5}$	7.	9.	7. $\frac{1}{5}$	4.	8.	4. $\frac{4}{5}$
74.	8.	19.	4. $\frac{4}{5}$	7.	11.	9. $\frac{3}{5}$	4.	9.	8. $\frac{2}{5}$
75.	9.	2.		7.	14.		4.	11.	
76.	9.	4.	7. $\frac{1}{5}$	7.	16.	2. $\frac{2}{5}$	4.	12.	3. $\frac{3}{5}$
77.	9.	7.	2. $\frac{2}{5}$	7.	18.	4. $\frac{4}{5}$	4.	13.	7. $\frac{1}{5}$
78.	9.	9.	9. $\frac{3}{5}$	8.	0.	7. $\frac{1}{5}$	4.	14.	10. $\frac{4}{5}$
79.	9.	12.	4. $\frac{4}{5}$	8.	2.	9. $\frac{3}{5}$	4.	16.	2. $\frac{2}{5}$
80.	9.	15.		8.	5.		4.	17.	6.
81.	9.	15.		8.	5.		4.	17.	6.
82.	9.	15.		8.	5.		4.	17.	6.
82½.	9.	15.		8.	5.		4.	17.	6.

Toises	Planches chesne de 12 pieds à 13 livres.			Planches chesne de 9 pieds, noyer & poirier, à 11 liv.			Planches chesne de 6 pieds, à 6 livres 10 sols.		
	liv.	sols.	den.	liv.	sols.	den.	liv.	sols.	den.
83.	9.	16.	3. $\frac{3}{5}$	8.	6.	1. $\frac{1}{5}$	4.	18.	1. $\frac{4}{5}$
84.	9.	18.	10. $\frac{4}{5}$	8.	8.	3. $\frac{3}{5}$	4.	19.	5. $\frac{2}{5}$
85.	10.	1.	6.	8.	10.	6.	5.	0.	9.
86.	10.	4.	1. $\frac{1}{5}$	8.	12.	8. $\frac{2}{5}$	5.	2.	0. $\frac{3}{5}$
87.	10.	6.	8. $\frac{2}{5}$	8.	14.	10. $\frac{4}{5}$	5.	3.	4. $\frac{1}{5}$
88.	10.	9.	3. $\frac{3}{5}$	8.	17.	1. $\frac{1}{5}$	5.	4.	7. $\frac{4}{5}$
89.	10.	11.	10. $\frac{4}{5}$	8.	19.	3. $\frac{3}{5}$	5.	5.	11. $\frac{2}{5}$
90.	10.	14.	6.	9.	1.	6.	5.	7.	3.
91.	10.	17.	1. $\frac{1}{5}$	9.	3.	8. $\frac{2}{5}$	5.	8.	6. $\frac{3}{5}$
92.	10.	19.	8. $\frac{2}{5}$	9.	5.	10. $\frac{4}{5}$	5.	9.	10. $\frac{1}{5}$
93.	11.	2.	3. $\frac{3}{5}$	9.	8.	1. $\frac{1}{5}$	5.	11.	1. $\frac{4}{5}$
94.	11.	4.	10. $\frac{4}{5}$	9.	10.	3. $\frac{3}{5}$	5.	12.	5. $\frac{2}{5}$
95.	11.	7.	6.	9.	12.	6.	5.	13.	9.
96.	11.	10.	1. $\frac{1}{5}$	9.	14.	8. $\frac{2}{5}$	5.	15.	0. $\frac{3}{5}$
97.	11.	12.	8. $\frac{2}{5}$	9.	16.	10. $\frac{4}{5}$	5.	16.	4. $\frac{1}{5}$
98.	11.	15.	3. $\frac{3}{5}$	9.	19.	1. $\frac{1}{5}$	5.	17.	7. $\frac{4}{5}$
99.	11.	17.	10. $\frac{4}{5}$	10.	1.	3. $\frac{3}{5}$	5.	18.	11. $\frac{2}{5}$
100.	12.	0.	6.	10.	3.	6.	6.	0.	3.
101.	12.	3.	1. $\frac{1}{5}$	10.	5.	8. $\frac{2}{5}$	6.	1.	6. $\frac{3}{5}$
102.	12.	5.	8. $\frac{2}{5}$	10.	7.	10. $\frac{4}{5}$	6.	2.	10. $\frac{1}{5}$
103.	12.	8.	3. $\frac{3}{5}$	10.	10.	1. $\frac{1}{5}$	6.	4.	1. $\frac{4}{5}$
104.	12.	10.	10. $\frac{4}{5}$	10.	12.	3. $\frac{3}{5}$	6.	5.	5. $\frac{2}{5}$
105.	12.	13.	6.	10.	14.	6.	6.	6.	9.
106.	12.	16.	1. $\frac{1}{5}$	10.	16.	8. $\frac{2}{5}$	6.	8.	0. $\frac{3}{5}$
107.	12.	18.	8. $\frac{2}{5}$	10.	18.	10. $\frac{4}{5}$	6.	9.	4. $\frac{1}{5}$
107½.	13.			11.			6.	10.	
108.	13.			11.			6.	10.	
109.	13.			11.			6.	10.	
110.	13.			11.			6.	10.	

Planches chesne de 12 pieds à 13 livres.				Planches chesne de 9 pieds, noyer & poirier, à 11 liv.			Planches chesne de 6 pieds, à 6 livres 10 sols.		
Toises.	liv.	sols.	den.	liv.	sols.	den.	liv.	sols.	den.
220.	26.			22.			13.		
330.	39.			33.			19.	10.	
440.	52.			44.			26.		
550.	65.			55.			32.	10.	
660.	78.			66.			39.		
770.	91.			77.			45.	10.	
880.	104.			88.			52.		
990.	117.			99.			58.	10.	
1100.	130.			110.			65.		

Les Planches chesne, Dosses & Entrevoux doivent être comptées à trois toises pour deux toises, c'est à dire que chaque toise est composée de 9 pieds.

Dosses chesne de 12 pieds, à 13 livres.

Les Dosses & Entrevoux chesne de 12 pieds se doivent reduire à 9 pieds pour toise.

Soit donné 150 Dosses ou Entrevoux de 12 pieds, les reduire en toises de 9 pieds, faut prendre le tiers de 150, viendra 50, que vous joindrez ensemble, vous trouverez 200 toises reduites de Dosses, qui ne doivent point être fournies de 10 par cent.

Bottes d'Echalats à 13 livres.

Les bottes d'Echalats doivent être réduites à la toise de 6 pieds, pour piece 13 livres, qui font cent bottes, qui est le même prix que la Dosse & Planche de 12 pieds.

Doſſes cheſne de 9 pieds, à 11 livres.

Les Doſſes cheſne de 9 pieds ſont reduites d'elles - mêmes, comme 200 Doſſes de 9 pieds font 200 toiſes de 9 pieds chacune. *Les gueridons ſuivent*

Doſſes cheſne de 6 pieds, à 6 livres 10 ſols.

Les Doſſes cheſne de 6 pieds doivent être reduites à trois toiſes pour deux.

Soit donné 300 Doſſes cheſne de 6 pieds, il faut prendre les deux tiers de 300 Doſſes, viendra 200 toiſes de 9 pieds.

Les gueridons & morceaux de noyer d'épaiſſeur ſeront reduits à la toiſe, & comptez deux toiſes pour une ~~ſans fourniture~~, à raiſon de 11 livres le cent, c'eſt à dire qu'il faut doubler le produit. Soit pour exemple 260 morceaux de noyer de 9 pieds de longueur, faut prendre la moitié de 260, viendra 130, qu'il faut joindre enſemble à cauſe des 9 pieds, viendra 390, qu'il faut doubler, viendra 780 toiſes de noyer, à 11 livres le cent font 78 livres 2 ſols pour 700 toiſes fournies de 70 & 10 toiſes de plus.

Contre-lattes de ſciage, à 6 livres 10 ſols.

Il faut 200 toiſes reduites de Contre-lattes de ſciage pour 6 livres 10 ſols, chaque botte eſt compoſée de 10 Contre-lattes ; il faut multiplier le nombre des bottes de Contre-lattes par 10, & prendre la moitié du produit au cas que les Contre-lattes n'ayent que 6 pieds de longueur ; & ſi les Contre-lattes avoient 9 pieds, il les faut reduire en toiſes : Par exemple 260 bottes de Contre-lattes de ſciage de 9 pieds, faut prendre la moitié de 260, viendra 130, & joindre le tout enſemble, vous trouverez 390, que vous multiplierez par 10, viendra 3900 toiſes, & en prendre la moitié, vous trouverez 1950 toiſes de Contre-lattes de ſciage, à 6 liv. 10 ſols, font 126 liv. 15 ſols.

Toises.	Bottes d'Echalats, Planches & Dosses chesne de 12 pieds, à 13 liv.			Planches & Dosses chesne de 9 pieds, noyer & poirier, à 11 liv.			Contre-lattes, Planches & Dosses chesne de 6 pieds, à 6 l. 10 s.		
	liv.	sols.	den.	liv.	sols.	den.	liv.	sols.	den.
1.		2.	7. $\frac{1}{5}$		2.	2. $\frac{2}{5}$		1.	3. $\frac{3}{5}$
2.		5.	2. $\frac{2}{5}$		4.	4. $\frac{4}{5}$		2.	7. $\frac{1}{5}$
3.		7.	9. $\frac{3}{5}$		6.	7. $\frac{1}{5}$		3.	10. $\frac{4}{5}$
4.		10.	4. $\frac{4}{5}$		8.	9. $\frac{3}{5}$		5.	2. $\frac{2}{5}$
5.		13.			11.			6.	6.
6.		15.	7. $\frac{1}{5}$		13.	2. $\frac{2}{5}$		7.	9. $\frac{3}{5}$
7.		18.	2. $\frac{2}{5}$		15.	4. $\frac{4}{5}$		9.	1. $\frac{1}{5}$
8.	1.	0.	9. $\frac{3}{5}$		17.	7. $\frac{1}{5}$		10.	4. $\frac{4}{5}$
9.	1.	3.	4. $\frac{4}{5}$		19.	9. $\frac{3}{5}$		11.	8. $\frac{2}{5}$
10.	1.	6.		1.	2.			13.	
11.	1.	8.	7. $\frac{1}{5}$	1.	4.	2. $\frac{2}{5}$		14.	3. $\frac{3}{5}$
12.	1.	11.	2. $\frac{2}{5}$	1.	6.	4. $\frac{4}{5}$		15.	7. $\frac{1}{5}$
13.	1.	13.	9. $\frac{3}{5}$	1.	8.	7. $\frac{1}{5}$		16.	10. $\frac{4}{5}$
14.	1.	16.	4. $\frac{4}{5}$	1.	10.	9. $\frac{3}{5}$		18.	2. $\frac{2}{5}$
15.	1.	19.		1.	13.			19.	6.
16.	2.	1.	7. $\frac{1}{5}$	1.	15.	2. $\frac{2}{5}$	1.	0.	9. $\frac{3}{5}$
17.	2.	4.	2. $\frac{2}{5}$	1.	17.	4. $\frac{4}{5}$	1.	2.	1. $\frac{1}{5}$
18.	2.	6.	9. $\frac{3}{5}$	1.	19.	7. $\frac{1}{5}$	1.	3.	4. $\frac{4}{5}$
19.	2.	9.	4. $\frac{4}{5}$	2.	1.	9. $\frac{3}{5}$	1.	4.	8. $\frac{2}{5}$
20.	2.	12.		2.	4.		1.	6.	
21.	2.	14.	7. $\frac{1}{5}$	2.	6.	2. $\frac{2}{5}$	1.	7.	3. $\frac{3}{5}$
22.	2.	17.	2. $\frac{2}{5}$	2.	8.	4. $\frac{4}{5}$	1.	8.	7. $\frac{1}{5}$
23.	2.	19.	9. $\frac{3}{5}$	2.	10.	7. $\frac{1}{5}$	1.	9.	10. $\frac{4}{5}$
24.	3.	2.	4. $\frac{4}{5}$	2.	12.	9. $\frac{3}{5}$	1.	11.	2. $\frac{2}{5}$
25.	3.	5.		2.	15.		1.	12.	6.
26.	3.	7.	7. $\frac{1}{5}$	2.	17.	2. $\frac{2}{5}$	1.	13.	9. $\frac{3}{5}$
27.	3.	10.	2. $\frac{2}{5}$	2.	19.	4. $\frac{4}{5}$	1.	15.	1. $\frac{1}{5}$
28.	3.	12.	9. $\frac{3}{5}$	3.	1.	7. $\frac{1}{5}$	1.	16.	4. $\frac{4}{5}$
29.	3.	15.	4. $\frac{4}{5}$	3.	3.	9. $\frac{3}{5}$	1.	17.	8. $\frac{2}{5}$
30.	3.	18.		3.	6.		1.	19.	

Toises.	Bottes d'Echalats, Planches & Dosses chesne de 12 pieds, à 13 livres.			Planches & Dosses chesne de 9 pieds, noyer & poirier, à 11 liv.			Contre-lattes, Planches & Dosses chesne de 6 pieds, à 6 l. 10 s.		
	liv.	sols.	den.	liv.	sols.	den.	liv.	sols.	den.
31.	4.	0.	7. $\frac{1}{5}$	3.	8.	2. $\frac{2}{5}$	2.	0.	3. $\frac{3}{5}$
32.	4.	3.	2. $\frac{2}{5}$	3.	10.	4. $\frac{4}{5}$	2.	1.	7. $\frac{1}{5}$
33.	4.	5.	9. $\frac{3}{5}$	3.	12.	7. $\frac{1}{5}$	2.	2.	10. $\frac{4}{5}$
34.	4.	8.	4. $\frac{4}{5}$	3.	14.	9. $\frac{3}{5}$	2.	4.	2. $\frac{2}{5}$
35.	4.	11.		3.	17.		2.	5.	6.
36.	4.	13.	7. $\frac{1}{5}$	3.	19.	2. $\frac{2}{5}$	2.	6.	9. $\frac{3}{5}$
37.	4.	16.	2. $\frac{2}{5}$	4.	1.	4. $\frac{4}{5}$	2.	8.	1. $\frac{1}{5}$
38.	4.	18.	9. $\frac{3}{5}$	4.	3.	7. $\frac{1}{5}$	2.	9.	4. $\frac{4}{5}$
39.	5.	1.	4. $\frac{4}{5}$	4.	5.	9. $\frac{3}{5}$	2.	10.	8. $\frac{2}{5}$
40.	5.	4.		4.	8.		2.	12.	
41.	5.	6.	7. $\frac{1}{5}$	4.	10.	2. $\frac{2}{5}$	2.	13.	3. $\frac{3}{5}$
42.	5.	9.	2. $\frac{2}{5}$	4.	12.	4. $\frac{4}{5}$	2.	14.	7. $\frac{1}{5}$
43.	5.	11.	9. $\frac{3}{5}$	4.	14.	7. $\frac{1}{5}$	2.	15.	10. $\frac{4}{5}$
44.	5.	14.	4. $\frac{4}{5}$	4.	16.	9. $\frac{3}{5}$	2.	17.	2. $\frac{2}{5}$
45.	5.	17.		4.	19.		2.	18.	6.
46.	5.	19.	7. $\frac{1}{5}$	5.	1.	2. $\frac{2}{5}$	2.	19.	9. $\frac{3}{5}$
47.	6.	2.	2. $\frac{2}{5}$	5.	3.	4. $\frac{4}{5}$	3.	1.	1. $\frac{1}{5}$
48.	6.	4.	9. $\frac{3}{5}$	5.	5.	7. $\frac{1}{5}$	3.	2.	4. $\frac{4}{5}$
49.	6.	7.	4. $\frac{4}{5}$	5.	7.	9. $\frac{3}{5}$	3.	3.	8. $\frac{2}{5}$
50.	6.	10.		5.	10.		3.	5.	
51.	6.	12.	7. $\frac{1}{5}$	5.	12.	2. $\frac{2}{5}$	3.	6.	3. $\frac{3}{5}$
52.	6.	15.	2. $\frac{2}{5}$	5.	14.	4. $\frac{4}{5}$	3.	7.	7. $\frac{1}{5}$
53.	6.	17.	9. $\frac{3}{5}$	5.	16.	7. $\frac{1}{5}$	3.	8.	10. $\frac{4}{5}$
54.	7.	0.	4. $\frac{4}{5}$	5.	18.	9. $\frac{3}{5}$	3.	10.	2. $\frac{2}{5}$
55.	7.	3.		6.	1.		3.	11.	6.
56.	7.	5.	7. $\frac{1}{5}$	6.	3.	2. $\frac{2}{5}$	3.	12.	9. $\frac{3}{5}$
57.	7.	8.	2. $\frac{2}{5}$	6.	5.	4. $\frac{4}{5}$	3.	14.	1. $\frac{1}{5}$
58.	7.	10.	9. $\frac{3}{5}$	6.	7.	7. $\frac{1}{5}$	3.	15.	4. $\frac{4}{5}$
59.	7.	13.	4. $\frac{4}{5}$	6.	9.	9. $\frac{3}{5}$	3.	16.	8. $\frac{2}{5}$
60.	7.	16.		6.	12.		3.	18.	

Toises	Bottes d'Echalats, Planches & Dosses chesne de 12 pieds, à 13 liv.			Planches & Dosses chesne de 9 pieds, noyer & poirier, à 11 liv.			Contre-lattes, Planches & Dosses chesne de 6 pieds, à 6 l. 10 s.		
	liv.	sols.	den.	liv.	sols.	den.	liv.	sols.	den.
61.	7.	16.	7. $\frac{1}{5}$	6.	14.	2. $\frac{2}{5}$	3.	19.	3. $\frac{3}{5}$
62.	8.	1.	2. $\frac{2}{5}$	6.	16.	4. $\frac{4}{5}$	4.	0.	7. $\frac{1}{5}$
63.	8.	3.	9. $\frac{3}{5}$	6.	18.	7. $\frac{1}{5}$	4.	1.	10. $\frac{4}{5}$
64.	8.	6.	4. $\frac{4}{5}$	7.	0.	9. $\frac{3}{5}$	4.	3.	2. $\frac{2}{5}$
65.	8.	9.		7.	3.		4.	4.	6.
66.	8.	11.	7. $\frac{1}{5}$	7.	5.	2. $\frac{2}{5}$	4.	5.	9. $\frac{3}{5}$
67.	8.	14.	2. $\frac{2}{5}$	7.	7.	4. $\frac{4}{5}$	4.	7.	1. $\frac{1}{5}$
68.	8.	16.	9. $\frac{3}{5}$	7.	9.	7. $\frac{1}{5}$	4.	8.	4. $\frac{4}{5}$
69.	8.	19.	4. $\frac{4}{5}$	7.	11.	9. $\frac{3}{5}$	4.	9.	8. $\frac{2}{5}$
70.	9.	2.		7.	14.		4.	11.	
71.	9.	4.	7. $\frac{1}{5}$	7.	16.	2. $\frac{2}{5}$	4.	12.	3. $\frac{3}{5}$
72.	9.	7.	2. $\frac{2}{5}$	7.	18.	4. $\frac{4}{5}$	4.	13.	7. $\frac{1}{5}$
73.	9.	9.	9. $\frac{3}{5}$	8.	0.	7. $\frac{1}{5}$	4.	14.	10. $\frac{4}{5}$
74.	9.	12.	4. $\frac{4}{5}$	8.	2.	9. $\frac{3}{5}$	4.	16.	2. $\frac{2}{5}$
75.	9.	15.		8.	5.		4.	17.	6.
76.	9.	17.	7. $\frac{1}{5}$	8.	7.	2. $\frac{2}{5}$	4.	18.	9. $\frac{3}{5}$
77.	10.	0.	2. $\frac{2}{5}$	8.	9.	4. $\frac{4}{5}$	5.	0.	1. $\frac{1}{5}$
78.	10.	2.	9. $\frac{3}{5}$	8.	11.	7. $\frac{1}{5}$	5.	1.	4. $\frac{4}{5}$
79.	10.	5.	4. $\frac{4}{5}$	8.	13.	9. $\frac{3}{5}$	5.	2.	8. $\frac{2}{5}$
80	10.	8.		8.	16.		5.	4.	
81.	10.	10.	7. $\frac{1}{5}$	8.	18.	2. $\frac{2}{5}$	5.	5.	3. $\frac{3}{5}$
82.	10.	13.	2. $\frac{2}{5}$	9.	0.	4. $\frac{4}{5}$	5.	6.	7. $\frac{1}{5}$
83.	10.	15.	9. $\frac{3}{5}$	9.	2.	7. $\frac{1}{5}$	5.	7.	10. $\frac{4}{5}$
84.	10.	18.	4. $\frac{4}{5}$	9.	4.	9. $\frac{3}{5}$	5.	9.	2. $\frac{2}{5}$
85.	11.	1.		9.	7.		5.	10.	6.
86.	11.	3.	7. $\frac{1}{5}$	9.	9.	2. $\frac{2}{5}$	5.	11.	9. $\frac{3}{5}$
87.	11.	6.	2. $\frac{2}{5}$	9.	11.	4. $\frac{4}{5}$	5.	13.	1. $\frac{1}{5}$
88.	11.	8.	9. $\frac{3}{5}$	9.	13.	7. $\frac{1}{5}$	5.	14.	4. $\frac{4}{5}$
89.	11.	11.	4. $\frac{4}{5}$	9.	15.	9. $\frac{3}{5}$	5.	15.	8. $\frac{2}{5}$
90.	11.	14.		9.	18.		5.	17.	

Bottes d'Echalats, Planches & Dosses chesne de 12 pieds, à 13 liv.				Planches & Dosses chesne de 9 pieds, noyer & poirier, à 11 liv.			Contre - lattes, Planches & Dosses chesne de 6 pieds, à 6 l. 10 s.		
Toises.	liv.	sols.	den.	liv.	sols.	den.	liv.	sols.	den.
91.	11.	16.	7. $\frac{1}{5}$.	10.	0.	2. $\frac{2}{5}$.	5.	18.	3. $\frac{3}{5}$.
92.	11.	19.	2. $\frac{2}{5}$.	10.	2.	4. $\frac{4}{5}$.	5.	19.	7. $\frac{1}{5}$.
93.	12.	1.	9. $\frac{3}{5}$.	10.	4.	7. $\frac{1}{5}$.	6.	0.	10. $\frac{4}{5}$.
94.	12.	4.	4. $\frac{4}{5}$.	10.	6.	9. $\frac{3}{5}$.	6.	2.	2. $\frac{2}{5}$.
95.	12.	7.		10.	9.		6.	3.	6.
96.	12.	9.	7. $\frac{1}{5}$.	10.	11.	2. $\frac{2}{5}$.	6.	4.	9. $\frac{3}{5}$.
97.	12.	12.	2. $\frac{2}{5}$.	10.	13.	4. $\frac{4}{5}$.	6.	6.	1. $\frac{1}{5}$.
98.	12.	14.	9. $\frac{3}{5}$.	10.	15.	7. $\frac{1}{5}$.	6.	7.	4. $\frac{4}{5}$.
99.	12.	17.	4. $\frac{4}{5}$.	10.	17.	9. $\frac{3}{5}$.	6.	8.	8. $\frac{2}{5}$.
100.	13.			11.			6.	10.	
200.	26.			22.			13.		
300.	39.			33.			19.	10.	
400.	52.			44.			26.		
500.	65.			55.			32.	10.	
600.	78.			66.			39.		
700.	91.			77.			45.	10.	
800.	104.			88.			52.		
900.	117.			99.			58.	10.	
1000.	130.			110.			65.		

Les Tables de noyer doivent être reduites en toises, & seront fournies de quatre au cent seulement, sans avoir égard à leurs largeurs & épaisseurs, mais aux longueurs.

Les Estaux hestre doivent être reduits en toises, & seront aussi fournis de quatre au cent, sans avoir égard à leurs largeurs & épaisseurs, mais aux longueurs de 6 pieds.

Les Goutieres seront aussi reduites en toises sans fourniture.

Toises.	Tables de noyer à 24 livres.			Estaux hestre à 69 livres.			Goutieres à 30 livres.		
	liv.	sols.	den.	liv.	sols.	den.	liv.	sols.	den.
1.		4.	9. 3/5.		13.	9. 3/5.		6.	
2.		9.	7. 1/5.	1.	7.	7. 1/5.		12.	
3.		14.	4. 4/5.	2.	1.	4. 4/5.		18.	
4.		19.	2. 2/5.	2.	15.	2. 2/5.	1.	4.	
5.	1.	4.		3.	0.		1.	10.	
6.	1.	8.	9. 3/5.	4.	2.	9. 3/5.	1.	16.	
7.	1.	13.	7. 1/5.	4.	16.	7. 1/5.	2.	2.	
8.	1.	18.	4. 4/5.	5.	10.	4. 4/5.	2.	8.	
9.	2.	3.	2. 2/5.	6.	4.	2. 2/5.	2.	14.	
10.	2.	8.		6.	18.		3.	0.	
11.	2.	12.	9. 3/5.	7.	11.	9. 3/5.	3.	6.	
12.	2.	17.	7. 1/5.	8.	5.	7. 1/5.	3.	12.	
13.	3.	2.	4. 4/5.	8.	19.	4. 4/5.	3.	18.	
14.	3.	7.	2. 2/5.	9.	13.	2. 2/5.	4.	4.	
15.	3.	12.		10.	7.		4.	10.	
16.	3.	16.	9. 3/5.	11.	0.	9. 3/5.	4.	16.	
17.	4.	1.	7. 1/5.	11.	14.	7. 1/5.	5.	2.	
18.	4.	6.	4. 4/5.	12.	8.	4. 4/5.	5.	8.	
19.	4.	11.	2. 2/5.	13.	2.	2. 2/5.	5.	14.	
20.	4.	16.		13.	16.		6.	0.	
21.	5.	0.	9. 3/5.	14.	9.	9. 3/5.	6.	6.	
22.	5.	5.	7. 1/5.	15.	3.	7. 1/5.	6.	12.	
23.	5.	10.	4. 4/5.	15.	17.	4. 4/5.	6.	18.	
24.	5.	15.	2. 2/5.	16.	11.	2. 2/5.	7.	4.	
25.	6.	0.		17.	5.		7.	10.	
26.	6.	4.	9. 3/5.	17.	18.	9. 3/5.	7.	16.	
27.	6.	9.	7. 1/5.	18.	12.	7. 1/5.	8.	2.	
28.	6.	14.	4. 4/5.	19.	6.	4. 4/5.	8.	8.	
29.	6.	19.	2. 2/5.	20.	0.	2. 2/5.	8.	14.	
30.	7.	4.		20.	14.		9.	0.	

Toises	Tables de noyer à 24 livres.			Eftaux heftre à 69 livres.			Goutieres à 30 livres.	
	liv.	fols.	den.	liv.	fols.	den.	liv.	fols.
31.	7.	8.	9. $\frac{3}{5}$	21.	7.	9. $\frac{3}{5}$	9.	6.
32.	7.	13.	7. $\frac{1}{5}$	22.	1.	7. $\frac{1}{5}$	9.	12.
33.	7.	18.	4. $\frac{4}{5}$	22.	15.	4. $\frac{4}{5}$	9.	18.
34.	8.	3.	2. $\frac{2}{5}$	23.	9.	2. $\frac{2}{5}$	10.	4.
35.	8.	8.		24.	3.		10.	10.
36.	8.	12.	9. $\frac{3}{5}$	24.	16.	9. $\frac{3}{5}$	10.	16.
37.	8.	17.	7. $\frac{1}{5}$	25.	10.	7. $\frac{1}{5}$	11.	2.
38.	9.	2.	4. $\frac{4}{5}$	26.	4.	4. $\frac{4}{5}$	11.	8.
39.	9.	7.	2. $\frac{2}{5}$	26.	18.	2. $\frac{2}{5}$	11.	14.
40.	9.	12.		27.	12.		12.	0.
41.	9.	16.	9. $\frac{3}{5}$	28.	5.	9. $\frac{3}{5}$	12.	6.
42.	10.	1.	7. $\frac{1}{5}$	28.	19.	7. $\frac{1}{5}$	12.	12.
43.	10.	6.	4. $\frac{4}{5}$	29.	13.	4. $\frac{4}{5}$	12.	18.
44.	10.	11.	2. $\frac{2}{5}$	30.	7.	2. $\frac{2}{5}$	13.	4.
45.	10.	16.		31.	1.		13.	10.
46.	11.	0.	9. $\frac{3}{5}$	31.	14.	9. $\frac{3}{5}$	13.	16.
47.	11.	5.	7. $\frac{1}{5}$	32.	8.	7. $\frac{1}{5}$	14.	2.
48.	11.	10.	4. $\frac{4}{5}$	33.	2.	4. $\frac{4}{5}$	14.	8.
49.	11.	15.	2. $\frac{2}{5}$	33.	16.	2. $\frac{2}{5}$	14.	14.
50.	12.	0.		34.	10.		15.	
51.	12.	4.	9. $\frac{3}{5}$	35.	3.	9. $\frac{3}{5}$	15.	6.
52.	12.	9.	7. $\frac{1}{5}$	35.	17.	7. $\frac{1}{5}$	15.	12.
53.	12.	14.	4. $\frac{4}{5}$	36.	11.	4. $\frac{4}{5}$	15.	18.
54.	12.	19.	2. $\frac{2}{5}$	37.	5.	2. $\frac{2}{5}$	16.	4.
55.	13.	4.		37.	19.		16.	10.
56.	13.	8.	9. $\frac{3}{5}$	38.	12.	9. $\frac{3}{5}$	16.	16.
57.	13.	13.	7. $\frac{1}{5}$	39.	6.	7. $\frac{1}{5}$	17.	2.
58.	13.	18.	4. $\frac{4}{5}$	40.	0.	4. $\frac{4}{5}$	17.	8.
59.	14.	3.	2. $\frac{2}{5}$	40.	14.	2. $\frac{2}{5}$	17.	14.
60.	14.	8.		41.	8.		18.	

F

Tables de noyer à 24 livres.				Estaux hestre à 69 livres.			Goutieres à 30 livres.		
Toises.	liv.	fols.	den.	liv.	fols.	den.	liv.	fols.	den.
61.	14.	12.	9. $\frac{3}{5}$.	42.	1.	9. $\frac{3}{5}$.	18.	6.	
62.	14.	17.	7. $\frac{1}{5}$.	42.	15.	7. $\frac{1}{5}$.	18.	12.	
63.	15.	2.	4. $\frac{4}{5}$.	43.	9.	4. $\frac{4}{5}$.	18.	18.	
64.	15.	7.	2. $\frac{2}{5}$.	44.	3.	2. $\frac{2}{5}$.	19.	4.	
65.	15.	12.		44.	17.		19.	10.	
66.	15.	16.	9. $\frac{3}{5}$.	45.	10.	9. $\frac{3}{5}$.	19.	16.	
67.	16.	1.	7. $\frac{1}{5}$.	46.	4.	7. $\frac{1}{5}$.	20.	2.	
68.	16.	6.	4. $\frac{4}{5}$.	46.	18.	4. $\frac{4}{5}$.	20.	8.	
69.	16.	11.	2. $\frac{2}{5}$.	47.	12.	2. $\frac{2}{5}$.	20.	14.	
70.	16.	16.		48.	6.		21.		
71.	17.	0.	9. $\frac{3}{5}$.	48.	19.	9. $\frac{3}{5}$.	21.	6.	
72.	17.	5.	7. $\frac{1}{5}$.	49.	13.	7. $\frac{1}{5}$.	21.	12.	
73.	17.	10.	4. $\frac{4}{5}$.	50.	7.	4. $\frac{4}{5}$.	21.	18.	
74.	17.	15.	2. $\frac{2}{5}$.	51.	1.	2. $\frac{2}{5}$.	22.	4.	
75.	18.	0.		51.	15.		22.	10.	
76.	18.	4.	9. $\frac{3}{5}$.	52.	8.	9. $\frac{3}{5}$.	22.	16.	
77.	18.	9.	7. $\frac{1}{5}$.	53.	2.	7. $\frac{1}{5}$.	23.	2.	
78.	18.	14.	4. $\frac{4}{5}$.	53.	16.	4. $\frac{4}{5}$.	23.	8.	
79.	18.	19.	2. $\frac{2}{5}$.	54.	10.	2. $\frac{2}{5}$.	23.	14.	
80.	19.	4.		55.	4.		24.		
81.	19.	8.	9. $\frac{3}{5}$.	55.	17.	9. $\frac{3}{5}$.	24.	6.	
82.	19.	13.	7. $\frac{1}{5}$.	56.	11.	7. $\frac{1}{5}$.	24.	12.	
83.	19.	18.	4. $\frac{4}{5}$.	57.	5.	4. $\frac{4}{5}$.	24.	18.	
84.	20.	3.	2. $\frac{2}{5}$.	57.	19.	2. $\frac{2}{5}$.	25.	4.	
85.	20.	8.		58.	13.		25.	10.	
86.	20.	12.	9. $\frac{3}{5}$.	59.	6.	9. $\frac{3}{5}$.	25.	16.	
87.	20.	17.	7. $\frac{1}{5}$.	60.	0.	7. $\frac{1}{5}$.	26.	2.	
88.	21.	2.	4. $\frac{4}{5}$.	60.	14.	4. $\frac{4}{5}$.	26.	8.	
89.	21.	7.	2. $\frac{2}{5}$.	61.	8.	2. $\frac{2}{5}$.	26.	14.	
90.	21.	12.		62.	2.		27.	0.	

Toises.	Tables de noyer à 24 livres.			Eftaux heftre à 69 livres.			Gouticres à 30 livres.		
	liv.	fols.	den.	liv.	fols.	den.	liv.	fols.	den.
91.	21.	16.	9. $\frac{3}{5}$.	62.	15.	9. $\frac{3}{5}$.	27.	6.	
92.	22.	1.	7. $\frac{1}{5}$.	63.	9.	7. $\frac{1}{5}$.	27.	12.	
93.	22.	6.	4. $\frac{4}{5}$.	64.	3.	4. $\frac{4}{5}$.	27.	18.	
94.	22.	11.	2. $\frac{2}{5}$.	64.	17.	2. $\frac{2}{5}$.	28.	4.	
95.	22.	16.		65.	11.		28.	10.	
96.	23.	0.	9. $\frac{3}{5}$.	66.	4.	9. $\frac{3}{5}$.	28.	16.	
97.	23.	5.	7. $\frac{1}{5}$.	66.	18.	7. $\frac{1}{5}$.	29.	2.	
98.	23.	10.	4. $\frac{4}{5}$.	67.	12.	4. $\frac{4}{5}$.	29.	8.	
99.	23.	15.	2. $\frac{2}{5}$.	68.	6.	2. $\frac{2}{5}$.	29.	14.	
100.	24.	0.		69.	0.		30.	0.	
200.	48.			138.			60.		
300.	72.			207.			90.		
400.	96.			276.			120.		
500.	120.			345.			150.		
600.	144.			414.			180.		
700.	168.			483.			210.		
800.	192.			552.			240.		
900.	216.			621.			270.		
1000.	240.			690.			300.		

Les fciages heftre, Sapin & bois blanc en Planches, Membrures & Chevrons, doivent être reduits en toifes, & fournis de 110 pour cent, à 7 livres 10 fols.

Les Planches volilles font ordinairement de 6 pieds de longueur, & par ce moyen font reduites en toifes, qui feront fournies de 110 pour cent, à 2 liv. 10 fols.

Toises	Hêtre, Sapin & bois blanc, à 7 liv. 10 sols.			Planches volilles, à 2 liv. 10 f.		
	liv.	sols.	den.	liv.	sols.	den.
1.		1.	6.			6
2.		3.			1.	
3.		4.	6.		1.	6.
4.		6.			2.	
5.		7.	6.		2.	6.
6.		9.			3.	
7.		10.	6.		3.	6.
8.		12.			4.	
9.		13.	6.		4.	6.
10.		15.			5.	
11.		16.	6.		5.	6.
12.		18.			6.	
13.		19.	6.		6.	6.
14.	1.	1.			7.	
15.	1.	2.	6.		7.	6.
16.	1.	4.			8.	
17.	1.	5.	6.		8.	6.
18.	1.	7.			9.	
19.	1.	8.	6.		9.	6.
20.	1.	10.			10.	
21.	1.	11.	6.		10.	6.
22.	1.	13.			11.	
23.	1.	14.	6.		11.	6.
24.	1.	16.			12.	
25.	1.	17.	6.		12.	6.
26.	1.	17.	6.		12.	6.
27.	1.	17.	6.		12.	6.
27½.	1.	17.	6.		12.	6.

Toises	Hêtre, Sapin & bois blanc, à 7 liv. 10 sols.			Planches volilles, à 2 liv. 10 f.		
	liv.	sols.	den.	liv.	sols.	den.
28.	1.	18.	3.		12.	9.
29.	1.	19.	9.		13.	3.
30.	2.	1.	3.		13.	9.
31.	2.	2.	9.		14.	3.
32.	2.	4.	3.		14.	9.
33.	2.	5.	9.		15.	3.
34.	2.	7.	3.		15.	9.
35.	2.	8.	9.		16.	3.
36.	2.	10.	3.		16.	9.
37.	2.	11.	9.		17.	3.
38.	2.	13.	3.		17.	9.
39.	2.	14.	9.		18.	3.
40.	2.	16.	3.		18.	9.
41.	2.	17.	9.		19.	3.
42.	2.	19.	3.		19.	9.
43.	3.	0.	9.	1.	0.	3.
44.	3.	2.	3.	1.	0.	9.
45.	3.	3.	9.	1.	1.	3.
46.	3.	5.	3.	1.	1.	9.
47.	3.	6.	9.	1.	2.	3.
48.	3.	8.	3.	1.	2.	9.
49.	3.	9.	9.	1.	3.	3.
50.	3.	11.	3.	1.	3.	9.
51.	3.	12.	9.	1.	4.	3.
52.	3.	14.	3.	1.	4.	9.
52½.	3.	15.		1.	5.	
53.	3.	15.		1.	5.	
54.	3.	15.		1.	5.	
55.	3.	15.		1.	5.	

Hestre, Sapin & bois blanc, à 7 liv. 10 sols.			Planches volilles, à 2 liv. 10 f.		
Toises.	liv.	sols.	den.	liv.	sols.	den.
56.	3.	16. 6.	1.	5. 6.
57.	3.	18.	1.	6.
58.	3.	19. 6.	1.	6. 6.
59.	4.	1.	1.	7.
60.	4.	2. 6.	1.	7. 6.
61.	4.	4.	1.	8.
62.	4.	5. 6.	1.	8. 6.
63.	4.	7.	1.	9.
64.	4.	8. 6.	1.	9. 6.
65.	4.	10.	1.	10.
66.	4.	11. 6.	1.	10. 6.
67.	4.	13.	1.	11.
68.	4.	14. 6.	1.	11. 6.
69.	4.	16.	1.	12.
70.	4.	17. 6.	1.	12. 6.
71.	4.	19.	1.	13.
72.	5.	0. 6.	1.	13. 6.
73.	5.	2.	1.	14.
74.	5.	3. 6.	1.	14. 6.
75.	5.	5.	1.	15.
76.	5.	6. 6.	1.	15. 6.
77.	5.	8.	1.	16.
78.	5.	9. 6.	1.	16. 6.
79.	5.	11.	1.	17.
80.	5.	12. 6.	1.	17. 6.
81.	5.	12. 6.	1.	17. 6.
82.	5.	12. 6.	1.	17. 6.
82½.	5.	12. 6.	1.	17. 6.

Hestre, Sapin & bois blanc, à 7 liv. 10 sols.			Planches volilles, à 2 liv. 10 f.		
Toises.	liv.	sols.	den.	liv.	sols.	den.
83.	5.	13. 3.	1.	17. 9.
84.	5.	14. 9.	1.	18. 3.
85.	5.	16. 3.	1.	18. 9.
86.	5.	17. 9.	1.	19. 3.
87.	5.	19. 3.	1.	19. 9.
88.	6.	0. 9.	2.	0. 3.
89.	6.	2. 3.	2.	0. 9.
90.	6.	3. 9.	2.	1. 3.
91.	6.	5. 3.	2.	1. 9.
92.	6.	6. 9.	2.	2. 3.
93.	6.	8. 3.	2.	2. 9.
94.	6.	9. 9.	2.	3. 3.
95.	6.	11. 3.	2.	3. 9.
96.	6.	12. 9.	2.	4. 3.
97.	6.	14. 3.	2.	4. 9.
98.	6.	15. 9.	2.	5. 3.
99.	6.	17. 3.	2.	5. 9.
100.	6.	18. 9.	2.	6. 3.
101.	7.	0. 3.	2.	6. 9.
102.	7.	1. 9.	2.	7. 3.
103.	7.	3. 3.	2.	7. 9.
104.	7.	4. 9.	2.	8. 3.
105.	7.	6. 3.	2.	8. 9.
106.	7.	7. 9.	2.	9. 3.
107.	7.	9. 3.	2.	9. 9.
107½.	7.	10.	2.	10.
108.	7.	10.	2.	10.
109.	7.	10.	2.	10.
110.	7.	10.	2.	10.

Heſtre, Sapin & bois blanc, à 7 liv. 10 ſols.			Planches volilles, à 2 liv. 10 ſols.		
Toiſes.	liv.	ſols.	den.	liv.	ſols.	den.
220.	15.			5.	
330.	22.	10.		7.	10.
440.	30.			10.	
550.	37.	10.		12.	10.
660.	45.			15.	
770.	52.	10.		17.	10.
880.	60.			20.	
990.	67.	10.		22.	10.
1100.	75.			25.	

Suit ci-après une autre Table du ſciage heſtre, Sapin & bois blanc, dont les fournitures de 10 par cent ont été déduites.

Il en eſt de même des Planches volilles, dont les fournitures de 10 par cent ont été déduites.

Les Feuillets heſtre ſont reduits comme les Doſſes en toiſes de 9 pieds ſans fourniture.

Toises.	Hestre, Sapin & bois blanc, à 7 liv. 10 sols.			Planches volilles, à 2 liv. 10 s.			Bottes de lattes à ardoise, à 8 liv. 15 s.			Bottes de lattes quarrées, à 8 livres 7 sols 6 deniers.		
	liv.	sols.	den.	liv.	sols.	den.	liv.	sols.	den.	liv.	sols.	den.
1.		1.	6.			6.		1.	9.		1.	8. $\frac{1}{10}$
2.		3.			1.			3.	6.		3.	4. $\frac{2}{10}$
3.		4.	6.		1.	6.		5.	3.		5.	0. $\frac{3}{10}$
4.		6.			2.			7.			6.	8. $\frac{4}{10}$
5.		7.	6.		2.	6.		8.	9.		8.	4. $\frac{5}{10}$
6.		9.			3.			10.	6.		10.	0. $\frac{6}{10}$
7.		10.	6.		3.	6.		12.	3.		11.	8. $\frac{7}{10}$
8.		12.			4.			14.			13.	4. $\frac{8}{10}$
9.		13.	6.		4.	6.		15.	9.		15.	0. $\frac{9}{10}$
10.		15.			5.			17.	6.		16.	9.
11.		16.	6.		5.	6.		19.	3.		18.	3. $\frac{1}{10}$
12.		18.			6.		1.	1.		1.	0.	1. $\frac{2}{10}$
13.		19.	6.		6.	6.	1.	2.	9.	1.	1.	9. $\frac{3}{10}$
14.	1.	1.			7.		1.	4.	6.	1.	3.	5. $\frac{4}{10}$
15.	1.	2.	6.		7.	6.	1.	6.	3.	1.	5.	1. $\frac{1}{2}$
16.	1.	4.			8.		1.	8.		1.	6.	9. $\frac{6}{10}$
17.	1.	5.	6.		8.	6.	1.	9.	9.	1.	8.	5. $\frac{7}{10}$
18.	1.	7.			9.		1.	11.	6.	1.	10.	1. $\frac{8}{10}$
19.	1.	8.	6.		9.	6.	1.	13.	3.	1.	11.	9. $\frac{9}{10}$
20.	1.	10.			10.		1.	15.		1.	13.	6.
21.	1.	11.	6.		10.	6.	1.	16.	9.	1.	15.	2. $\frac{1}{10}$
22.	1.	13.			11.		1.	18.	6.	1.	16.	10. $\frac{1}{5}$
23.	1.	14.	6.		11.	6.	2.	0.	3.	1.	18.	6. $\frac{3}{10}$
24.	1.	16.			12.		2.	2.		2.	0.	2. $\frac{2}{5}$
25.	1.	17.	6.		12.	6.	2.	3.	9.	2.	1.	10. $\frac{1}{2}$
26.	1.	19.			13.		2.	5.	6.	2.	3.	6. $\frac{3}{5}$
27.	2.	0.	6.		13.	6.	2.	7.	3.	2.	5.	2. $\frac{7}{10}$
28.	2.	2.			14.		2.	9.		2.	6.	10. $\frac{4}{5}$
29.	2.	3.	6.		14.	6.	2.	10.	9.	2.	8.	6. $\frac{9}{10}$
30.	2.	5.			15.		2.	12.	6.	2.	10.	3.

Toises.	Heftre, Sapin & bois blanc, à 7 liv. 10 fols.			Planches volilles, à 2 liv. 10 f.			Bottes de lattes à ardoife, à 8 liv. 15 fols.			Bottes de lattes quarrées, à 8 livres 7 fols 6 deniers.			
	liv.	fols.	den.	liv.	fols.	den.	liv.	fols.	den.	liv.	fols.	den.
31.	2.	6.	6.		15.	6.	2.	14.	3.	2.	11.	11. $\frac{1}{10}$.
32.	2.	8.			16.		2.	16.		2.	13.	7. $\frac{1}{5}$.
33.	2.	9.	6.		16.	6.	2.	17.	9.	2.	15.	3. $\frac{3}{10}$.
34.	2.	11.			17.		2.	19.	6.	2.	16.	11. $\frac{2}{5}$.
35.	2.	12.	6.		17.	6.	3.	1.	3.	2.	18.	7. $\frac{1}{2}$.
36.	2.	14.			18.		3.	3.		3.	0.	3. $\frac{3}{5}$.
37.	2.	15.	6.		18.	6.	3.	4.	9.	3.	1.	11. $\frac{7}{10}$.
38.	2.	17.			19.		3.	6.	6.	3.	3.	7. $\frac{4}{5}$.
39.	2.	18.	6.		19.	6.	3.	8.	3.	3.	5.	3. $\frac{9}{10}$.
40.	3.	0.		1.	0.		3.	10.		3.	7.	
41.	3.	1.	6.	1.	0.	6.	3.	11.	9.	3.	8.	8. $\frac{1}{10}$.
42.	3.	3.		1.	1.		3.	13.	6.	3.	10.	4. $\frac{1}{5}$.
43.	3.	4.	6.	1.	1.	6.	3.	15.	3.	3.	12.	0. $\frac{3}{10}$.
44.	3.	6.		1.	2.		3.	17.		3.	13.	8. $\frac{2}{5}$.
45.	3.	7.	6.	1.	2.	6.	3.	18.	9.	3.	15.	4. $\frac{1}{2}$.
46.	3.	9.		1.	3.		4.	0.	6.	3.	17.	0. $\frac{3}{5}$.
47.	3.	10.	6.	1.	3.	6.	4.	2.	3.	3.	18.	8. $\frac{7}{10}$.
48.	3.	12.		1.	4.		4.	4.		4.	0.	4. $\frac{4}{5}$.
49.	3.	13.	6.	1.	4.	6.	4.	5.	9.	4.	2.	0. $\frac{9}{10}$.
50.	3.	15.		1.	5.		4.	7.	6.	4.	3.	9.
51.	3.	16.	6.	1.	5.	6.	4.	9.	3.	4.	5.	5. $\frac{1}{10}$.
52.	3.	18.		1.	6.		4.	11.		4.	7.	1. $\frac{1}{5}$.
53.	3.	19.	6.	1.	6.	6.	4.	12.	9.	4.	8.	9. $\frac{3}{10}$.
54.	4.	1.		1.	7.		4.	14.	6.	4.	10.	5. $\frac{2}{5}$.
55.	4.	2.	6.	1.	7.	6.	4.	16.	3.	4.	12.	1. $\frac{1}{2}$.
56.	4.	4.		1.	8.		4.	18.		4.	13.	9. $\frac{3}{5}$.
57.	4.	5.	6.	1.	8.	6.	4.	19.	9.	4.	15.	5. $\frac{7}{10}$.
58.	4.	7.		1.	9.		5.	1.	6.	4.	17.	1. $\frac{4}{5}$.
59.	4.	8.	6.	1.	9.	6.	5.	3.	3.	4.	18.	9. $\frac{9}{10}$.
60.	4.	10.		1.	10.		5.	5.		5.	0.	6.

Toises.	| liv.	| sols.	| den.	Hestre, Sapin & bois blanc, à 7 liv. 10 sols.			Planches volilles, à 2 liv. 10 s.			Bottes de lattes à ardoise, à 8 liv. 15 s.			Bottes de lattes quarrées, à 8 livres 7 sols 6 deniers.			
Toises.	liv.	sols.	den.				liv.	sols.	den.	liv.	sols.	den.	liv.	sols.	den.
61.	4.	11.	6.				1.	10.	6.	5.	6.	9.	5.	2.	2. $\frac{1}{10}$.
62.	4.	13.					1.	11.		5.	8.	6.	5.	3.	10. $\frac{1}{5}$.
63.	4.	14.	6.				1.	11.	6.	5.	10.	3.	5.	5.	6. $\frac{3}{10}$.
64.	4.	16.					1.	12.		5.	12.		5.	7.	2. $\frac{2}{5}$.
65.	4.	17.	6.				1.	12.	6.	5.	13.	9.	5.	8.	10. $\frac{1}{2}$.
66.	4.	19.					1.	13.		5.	15.	6.	5.	10.	6. $\frac{3}{5}$.
67.	5.	0.	6.				1.	13.	6.	5.	17.	3.	5.	12.	2. $\frac{7}{10}$.
68.	5.	2.					1.	14.		5.	19.		5.	13.	10. $\frac{4}{5}$.
69.	5.	3.	6.				1.	14.	6.	6.	0.	9.	5.	15.	6. $\frac{9}{10}$.
70.	5.	5.					1.	15.		6.	2.	6.	5.	17.	3.
71.	5.	6.	6.				1.	15.	6.	6.	4.	3.	5.	18.	11. $\frac{1}{10}$.
72.	5.	8.					1.	16.		6.	6.		6.	0.	7. $\frac{1}{5}$.
73.	5.	9.	6.				1.	16.	6.	6.	7.	9.	6.	2.	3. $\frac{3}{10}$.
74.	5.	11.					1.	17.		6.	9.	6.	6.	3.	11. $\frac{2}{5}$.
75.	5.	12.	6.				1.	17.	6.	6.	11.	3.	6.	5.	7. $\frac{1}{2}$.
76.	5.	14.					1.	18.		6.	13.		6.	7.	3. $\frac{3}{5}$.
77.	5.	15.	6.				1.	18.	6.	6.	14.	9.	6.	8.	11. $\frac{7}{10}$.
78.	5.	17.					1.	19.		6.	16.	6.	6.	10.	7. $\frac{4}{5}$.
79.	5.	18.	6.				1.	19.	6.	6.	18.	3.	6.	12.	3. $\frac{9}{10}$.
80.	6.	0.					2.	0.		7.	0.		6.	14.	
81.	6.	1.	6.				2.	0.	6.	7.	1.	9.	6.	15.	8. $\frac{1}{10}$.
82.	6.	3.					2.	1.		7.	3.	6.	6.	17.	4. $\frac{1}{5}$.
83.	6.	4.	6.				2.	1.	6.	7.	5.	3.	6.	19.	0. $\frac{3}{10}$.
84.	6.	6.					2.	2.		7.	7.		7.	0.	8. $\frac{2}{5}$.
85.	6.	7.	6.				2.	2.	6.	7.	8.	9.	7.	2.	4. $\frac{1}{2}$.
86.	6.	9.					2.	3.		7.	10.	6.	7.	4.	0. $\frac{3}{5}$.
87.	6.	10.	6.				2.	3.	6.	7.	12.	3.	7.	5.	8. $\frac{7}{10}$.
88.	6.	12.					2.	4.		7.	14.		7.	7.	4. $\frac{4}{5}$.
89.	6.	13.	6.				2.	4.	6.	7.	15.	9.	7.	9.	0. $\frac{9}{10}$.
90.	6.	15.					2.	5.		7.	17.	6.	7.	10.	0.

Toises.	Hestre, Sapin & bois blanc, à 7 liv. 10 sols.			Planches volilles, à 2 liv. 10 s.			Bottes de lattes à ardoise, à 8 liv. 15 sols.			Bottes de lattes quarrées, à 8 livres 7 sols 6 deniers.			
	liv.	sols.	den.	liv.	sols.	den.	liv.	sols.	den.	liv.	sols.	den.	
91.	6.	16.	6.	2.	5.	6.	7.	19.	3.	7.	12.	5.	$\frac{1}{10}$.
92.	6.	18.		2.	6.		8.	1.		7.	14.	1.	$\frac{1}{5}$.
93.	6.	19.	6.	2.	6.	6.	8.	2.	9.	7.	15.	9.	$\frac{3}{10}$.
94.	7.	1.		2.	7.		8.	4.	6.	7.	17.	5.	$\frac{2}{5}$.
95.	7.	2.	6.	2.	7.	6.	8.	6.	3.	7.	19.	1.	$\frac{1}{2}$.
96.	7.	4.		2.	8.		8.	8.		8.	0.	9.	$\frac{3}{5}$.
97.	7.	5.	6.	2.	8.	6.	8.	9.	9.	8.	2.	5.	$\frac{7}{10}$.
98.	7.	7.		2.	9.		8.	11.	6.	8.	4.	1.	$\frac{4}{5}$.
99.	7.	8.	6.	2.	9.	6.	8.	13.	3.	8.	5.	9.	$\frac{9}{10}$.
100.	7.	10.		2.	10.		8.	15.		8.	7.	6.	
200.	15.			5.			17.	10.		16.	15.		
300.	22.	10.		7.	10.		26.	5.		25.	2.	6.	
400.	30.			10.			35.			33.	10.		
500.	37.	10.		12.	10.		43.	15.		41.	17.	6.	
600.	45.			15.			52.	10.		50.	5.		
700.	52.	10.		17.	10.		61.	5.		58.	12.	6.	
800.	60.			20.			70.			67.			
900.	67.	10.		22.	10.		78.	15.		75.	7.	6.	
1000.	75.			25.			87.	10.		83.	15.		

Charonnage.

Le charonnage est compté à la voye, ou par chacune charretée 5 livres 10 sols, laquelle est composée de 104 Gentes ou Rayes, de 30 Empannons ou Brancarts de sciage, de 26 Lizoirs, de 26 morceaux de bois à debiter, de 26 Coquilles, de 75 Moutons, de 8 Fleches, Tables d'orme, & autres, comme vous verrez dans les Tables suivantes, selon leurs qualitez & nature de bois.

104 Gentes ou Rayes, à 5 livres 10 sols.				
	liv.	sols.	den.	
1.		1.	1.	$\frac{1}{5}$
2.		2.	2.	$\frac{2}{5}$
3.		3.	3.	$\frac{3}{5}$
4.		4.	4.	$\frac{4}{5}$
5.		5.	6.	
6.		6.	7.	$\frac{1}{5}$
7.		7.	8.	$\frac{2}{5}$
8.		8.	9.	$\frac{3}{5}$
9.		9.	10.	$\frac{4}{5}$
10.		11.		
11.		12.	1.	$\frac{1}{5}$
12.		13.	2.	$\frac{2}{5}$
13.		14.	3.	$\frac{3}{5}$
14.		15.	4.	$\frac{4}{5}$
15.		16.	6.	
16.		17.	7.	$\frac{1}{5}$
17.		18.	8.	$\frac{2}{5}$
18.		19.	9.	$\frac{3}{5}$
19.	1.	0.	10.	$\frac{4}{5}$
20.	1.	2.		
21.	1.	3.	1.	$\frac{1}{5}$
22.	1.	4.	2.	$\frac{2}{5}$
23.	1.	5.	3.	$\frac{3}{5}$
24.	1.	6.	4.	$\frac{4}{5}$
25.	1.	7.	6.	
26.	1.	8.	7.	$\frac{1}{5}$
27.	1.	9.	8.	$\frac{2}{5}$
28.	1.	10.	9.	$\frac{3}{5}$
29.	1.	11.	10.	$\frac{4}{5}$
30.	1.	13.		

104 Gentes ou Rayes, à 5 livres 10 sols.				
	liv.	sols.	den.	

No.	liv.	sols.	den.	
31.	1.	14.	1.	$\frac{1}{5}$
32.	1.	15.	2.	$\frac{2}{5}$
33.	1.	16.	3.	$\frac{3}{5}$
34.	1.	17.	4.	$\frac{4}{5}$
35.	1.	18.	6.	
36.	1.	19.	7.	$\frac{1}{5}$
37.	2.	0.	8.	$\frac{2}{5}$
38.	2.	1.	9.	$\frac{3}{5}$
39.	2.	2.	10.	$\frac{4}{5}$
40.	2.	4.		
41.	2.	5.	1.	$\frac{1}{5}$
42.	2.	6.	2.	$\frac{2}{5}$
43.	2.	7.	3.	$\frac{3}{5}$
44.	2.	8.	4.	$\frac{4}{5}$
45.	2.	9.	6.	
46.	2.	10.	7.	$\frac{1}{5}$
47.	2.	11.	8.	$\frac{2}{5}$
48.	2.	12.	9.	$\frac{3}{5}$
49.	2.	13.	10.	$\frac{4}{5}$
50.	2.	15.		
51.	2.	16.	1.	$\frac{1}{5}$
52.	2.	17.	2.	$\frac{2}{5}$
53.	2.	18.	3.	$\frac{3}{5}$
54.	2.	19.	4.	$\frac{4}{5}$
55.	3.	0.	6.	
56.	3.	1.	7.	$\frac{1}{5}$
57.	3.	2.	8.	$\frac{2}{5}$
58.	3.	3.	9.	$\frac{3}{5}$
59.	3.	4.	10.	$\frac{4}{5}$
60.	3.	6.		

104 Gentes ou Rayes, à 5 livres 10 sols.			
liv.	sols.	den.	
61. 3.	7.	1.	$\frac{1}{5}$
62. 3.	8.	2.	$\frac{2}{5}$
63. 3.	9.	3.	$\frac{3}{5}$
64. 3.	10.	4.	$\frac{4}{5}$
65. 3.	11.	6.	
66. 3.	12.	7.	$\frac{1}{5}$
67. 3.	13.	8.	$\frac{2}{5}$
68. 3.	14.	9.	$\frac{3}{5}$
69. 3.	15.	10.	$\frac{4}{5}$
70. 3.	17.		
71. 3.	18.	1.	$\frac{1}{5}$
72. 3.	19.	2.	$\frac{2}{5}$
73. 4.	0.	3.	$\frac{3}{5}$
74. 4.	1.	4.	$\frac{4}{5}$
75. 4.	2.	6.	
76. 4.	3.	7.	$\frac{1}{5}$
77. 4.	4.	8.	$\frac{2}{5}$
78. 4.	5.	9.	$\frac{3}{5}$
79. 4.	6.	10.	$\frac{4}{5}$
80. 4.	8.		
81. 4.	9.	1.	$\frac{1}{5}$
82. 4.	10.	2.	$\frac{2}{5}$
83. 4.	11.	3.	$\frac{3}{5}$
84. 4.	12.	4.	$\frac{4}{5}$
85. 4.	13.	6.	

104 Gentes ou Rayes, à 5 livres 10 sols.			
liv.	sols.	den.	
86. 4.	14.	7.	$\frac{1}{5}$
87. 4.	15.	8.	$\frac{2}{5}$
88. 4.	16.	9.	$\frac{3}{5}$
89. 4.	17.	10.	$\frac{4}{5}$
90. 4.	19.		
91. 5.	0.	1.	$\frac{1}{5}$
92. 5.	1.	2.	$\frac{2}{5}$
93. 5.	2.	3.	$\frac{3}{5}$
94. 5.	3.	4.	$\frac{4}{5}$
95. 5.	4.	6.	
96. 5.	5.	7.	$\frac{1}{5}$
97. 5.	6.	8.	$\frac{2}{5}$
98. 5.	7.	9.	$\frac{3}{5}$
99. 5.	8.	10.	$\frac{4}{5}$
100. 5.	10.		
200. 11.			
300. 16.	10.		
400. 22.			
500. 27.	10.		
600. 33.			
700. 38.	10.		
800. 44.			
900. 49.	10.		
1000. 55.			

30 toises d'Empannons de *6* pouces de gros.
30 toises de Brancart de sciage.
5 liv. 10 sols par chaque 30 toises.

Toises.	liv.	sols.	den.
1.		3.	8.
2.		7.	4.
3.		11.	
4.		14.	8.
5.		18.	4.
6.	1.	2.	
7.	1.	5.	8.
8.	1.	9.	4.
9.	1.	13.	
10.	1.	16.	8.
11.	2.	0.	4.
12.	2.	4.	
13.	2.	7.	8.
14.	2.	11.	4.
15.	2.	15.	
16.	2.	18.	8.
17.	3.	2.	4.
18.	3.	6.	
19.	3.	9.	8.
20.	3.	13.	4.
21.	3.	17.	
22.	4.	0.	8.
23.	4.	4.	4.
24.	4.	8.	
25.	4.	11.	8.
26.	4.	15.	4.
27.	4.	19.	
28.	5.	2.	8.
29.	5.	6.	4.
30.	5.	10.	

Pour chacune charretée fixée aux quantitez suivantes :
26 toises d'Essieux de 7 pouces de gros.
26 morceaux bois à debiter.
26 bottes de Roulons de 4 pie. de long.
26 toises de Brancart & Limons, de 7 pouces de gros.
26 Coquilles de 3 pieds $\frac{1}{2}$ de long.
26 Lizoirs de 3 pieds $\frac{1}{2}$ de long.
26 Timons de 9 pieds de long.
26 toises de sciage d'orme en Planches d'un pouce d'épaisseur.
5 lives 10 sols pour chacune charretée.

	liv.	sols.	den.	
1.		4.	4.	$\frac{4}{5}$.
2.		8.	9.	$\frac{3}{5}$.
3.		13.	2.	$\frac{2}{5}$.
4.		17.	7.	$\frac{1}{5}$.
5.	1.	2.		
6.	1.	6.	4.	$\frac{4}{5}$.
7.	1.	10.	9.	$\frac{3}{5}$.
8.	1.	15.	2.	$\frac{2}{5}$.
9.	1.	19.	7.	$\frac{1}{5}$.
10.	2.	4.		
11.	2.	8.	4.	$\frac{4}{5}$.
12.	2.	12.	9.	$\frac{3}{5}$.
13.	2.	17.	2.	$\frac{2}{5}$.
14.	3.	1.	7.	$\frac{1}{5}$.
15.	3.	6.		
16.	3.	10.	4.	$\frac{4}{5}$.
17.	3.	14.	9.	$\frac{3}{5}$.
18.	3.	19.	2.	$\frac{2}{5}$.
19.	4.	3.	7.	$\frac{1}{5}$.
20.	4.	8.		
21.	4.	12.	4.	$\frac{4}{5}$.
22.	4.	16.	9.	$\frac{3}{5}$.
23.	5.	1.	2.	$\frac{2}{5}$.
24.	5.	5.	7.	$\frac{1}{5}$.
25.	5.	10.		
26.	5.	10.		

75 Moutons de 3 pieds ½ de long, 5 liv. 10 sols.

Moutons.	liv.	sols.	den.	
1.		1.	5.	3/5
2.		2.	11.	1/5
3.		4.	4.	4/5
4.		5.	10.	2/5
5.		7.	4.	
6.		8.	9.	3/5
7.		10.	3.	1/5
8.		11.	8.	4/5
9.		13.	2.	2/5
10.		14.	8.	
11.		16.	1.	3/5
12.		17.	7.	1/5
13.		19.	0.	4/5
14.	1.	0.	6.	2/5
15.	1.	2.		
16.	1.	3.	5.	3/5
17.	1.	4.	11.	1/5
18.	1.	6.	4.	4/5
19.	1.	7.	10.	2/5
20.	1.	9.	4.	
21.	1.	10.	9.	3/5
22.	1.	12.	3.	1/5
23.	1.	13.	8.	4/5
24.	1.	15.	2.	2/5
25.	1.	16.	8.	
26.	1.	18.	1.	3/5
27.	1.	19.	7.	1/5
28.	2.	1.	0.	4/5
29.	2.	2.	6.	2/5
30.	2.	4.		

75 Moutons de 3 pieds ½ de long, 5 liv. 10 sols.

Moutons.	liv.	sols.	den.	
31.	2.	5.	5.	3/5
32.	2.	6.	11.	1/5
33.	2.	8.	4.	4/5
34.	2.	9.	10.	2/5
35.	2.	11.	4.	
36.	2.	12.	9.	3/5
37.	2.	14.	3.	1/5
38.	2.	15.	8.	4/5
39.	2.	17.	2.	2/5
40.	2.	18.	8.	
41.	3.	0.	1.	3/5
42.	3.	1.	7.	1/5
43.	3.	3.	0.	4/5
44.	3.	4.	6.	2/5
45.	3.	6.		
46.	3.	7.	5.	3/5
47.	3.	8.	11.	1/5
48.	3.	10.	4.	4/5
49.	3.	11.	10.	2/5
50.	3.	13.	4.	
51.	3.	14.	9.	3/5
52.	3.	16.	3.	1/5
53.	3.	17.	8.	4/5
54.	3.	19.	2.	2/5
55.	4.	0.	8.	
56.	4.	2.	1.	3/5
57.	4.	3.	7.	1/5
58.	4.	5.	0.	4/5
59.	4.	6.	6.	2/5
60.	4.	8.		

75 Moutons de 3 pieds ½ de long, 5 liv. 10 fols.

Moutons.	liv.	fols.	den.	
61.	4.	9.	5.	3/5
62.	4.	10.	11.	1/5
63.	4.	12.	4.	4/5
64.	4.	13.	10.	2/5
65.	4.	15.	4.	5
66.	4.	16.	9.	3/5
67.	4.	18.	3.	1/5
68.	4.	19.	8.	4/5
69.	5.	1.	2.	2/5
70.	5.	2.	8.	5
71.	5.	4.	1.	3/5
72.	5.	5.	7.	1/5
73.	5.	7.	0.	4/5
74.	5.	8.	6.	2/5
75.	5.	10.		5

8 toises de Fleches, 8 toises d'Armons de 8 pouces de gros, 8 toises de Tables d'ormes, 8 toises de Fresne de 9, 10, 11 & 12 pouces de gros, pour 5 livres 10 fols.

Toises.	liv.	fols.	den.
1.		13.	9.
2.	1.	7.	6.
3.	2.	1.	3.
4.	2.	15.	
5.	3.	8.	9.
6.	4.	2.	6.
7.	4.	16.	3.
8.	5.	10.	

5 toises de Moyeux pour 5 livres 10 fols.

Toises.	liv.	fols.	den.
1.	1.	2.	
2.	2.	4.	
3.	3.	6.	
4.	4.	8.	
5.	5.	10.	

Il n'eft pas neceffaire de faire un Tarif pour le millier de Goberges reduites à 4 pieds de long, 10 livres, qui eft à raifon de 20 fols chaque cent.

Comme auffi pour le Merain, Courçon, Parquet & Panneau de chefne, à 6 pieds pour le Merain, & à 3 pieds pour piece de Courçon, Parquet & Panneau, 10 livres, qui eft 20 fols par chaque cent.

Pour une voye ou charretée de noyer, cormier, poirier & autres, évaluée, fuivant le Tarif des Chargeurs, 7 livres.

Pour un chariot de Sapin foncine, 6 livres 10 fols.

Une paire de grandes roues neuves de charrette,

24 rayes, 12 gentes, } 36.	1 liv. 18 fols 6 den.
$\frac{2}{3}$ de toifes de moyeux,	o. 14 fols 8 den.
TOTAL,	2 liv. 13 fols 2 den.

Une paire de grandes roues neuves de caroffe,

24 rayes, 12 gentes, } 36.	1 liv. 18 fols 6 den.
$\frac{1}{2}$ toife de moyeux,	o. 11 fols o.
TOTAL,	2 liv. 9 fols 6 den.

Une paire de petites roues neuves de caroffe,

10 rayes, 5 gentes, } 15.	o. 16 fols 6 den.
$\frac{1}{2}$ toife de moyeux,	o. 11 fols o.
TOTAL,	1 liv. 7 fols 6 den.

Les Perches à jardin & à Tourneurs valent 5 livres le cent des groffes; 2 liv. 10 fols le cent des moyennes, qui eft deux pour une; & 33 fols 4 den. le cent de petites, qui eft trois perches pour une.

Des Gentes ou Rayes.

Les gentes ou rayes font fournies des 4 au cent, qui eſt 104 pour 100, & ce qu'on appelle voye : Ayant compté le nombre des gentes ou rayes, il faut diviſer ce même nombre par 104 pour en faire des voyes.

Exemple. 1750 gentes non fournies qu'il faut diviſer par 104, viendra 16 voyes & 86 gentes, dont il en faut ôter 3 gentes pour la fourniture de trois quarterons, qui montent à 78 gentes fournies, & 75 gentes à payer, & il reſtera 8 gentes au-delà des trois quarterons ; les 16 voyes valent 88 livres ; les trois quarterons valent 4 liv. 2 ſols 6 den. & les 8 gentes valent 8 ſols 9 den. $\frac{3}{5}$; les trois ſommes jointes enſemble montent à 92 liv. 11 ſols 3 den. $\frac{3}{5}$; ou bien les 16 voyes valent 88 liv. & les 83 gentes valent 4 livres 11 ſols 3 den. $\frac{3}{5}$; le total monte comme deſſus à 92 livres 11 ſols 3 den. $\frac{3}{5}$.

Les voyes qui ſont fixées à 26 toiſes ou morceaux ; il faut diviſer la quantité par 26, on aura le nombre des voyes ; comme 450 toiſes d'eſſieux ou morceaux de bois à debiter, ayant diviſé 450 par 26, vous trouverez 17 voyes qui valent 93 livres 10 ſols, & il reſte 8 toiſes qui valent une livre 15 ſols 2 den. $\frac{2}{5}$; les deux ſommes jointes enſemble montent à 95 liv. 5 ſols 2 den. $\frac{2}{5}$.

Les empannons de 6 pouces de groſſeur, & les brancarts de ſciage doivent être diviſez par 30.

Exemple. 350 empannons ou toiſes de brancarts, qu'il faut diviſer par 30, vous trouverez 11 voyes $\frac{2}{3}$, ou 20 toiſes ; les 11 voyes valent 60 liv. 10 ſols ; les 20 toiſes ou $\frac{2}{3}$ valent 3 liv. 13 ſols 4 den. le total monte à 64 liv. 3 ſols 4 den.

Le nombre des moutons doit être diviſé par 75 ; comme 1200 moutons de 3 pieds $\frac{1}{2}$ de longueur chacun, font 16 voyes à 5 liv. 10 ſols, valent 88 liv.

Les voyes qui font fixées aux quantitez de 8, comme 8 fleches, 8 toifes d'armons, ou 8 tables d'orme, le nombre doit être divifé par 8.

Exemple. 100 fleches font 12 voyes $\frac{1}{2}$, à 5 liv. 10 fols, valent 68 liv. 15 fols.

Autre Exemple. 50 tables d'orme de 6 pieds chacune, font 6 voyes $\frac{1}{4}$, ou 6 voyes 2 tables, à 5 liv. 10 fols, valent 34 liv. 7 fols 6 den.

Il faut 5 toifes de moyeux pour une voye. Etant donné 152 toifes de moyeux, pour en fçavoir le nombre des voyes, il faut divifer 152 par 5, viendra 30 voyes, & il reftera 2 toifes qui font $\frac{2}{5}$, à 5 liv. 10 fols, valent 167 liv. 4 fols.

Etant donné 1200 morceaux de merain de 2 pieds $\frac{1}{2}$ de longueur chacun, en fçavoir la réduction & la valeur, il faut multiplier 1200 par 2 pieds $\frac{1}{2}$, font 3000 pieds, & en prendre le fixiéme, parceque le merain eft à 6 pieds pour piece ; vous trouverez 500 pieces, à 20 fols le cent, font 5 liv.

600 morceaux de courçon ou parquet d'un pied $\frac{1}{2}$ de longueur chacun, font 900 pieds, dont le tiers eft 300 pieces, à 20 fols le cent, valent 3 liv. lequel eft à 3 pieds pour piece.

Du déchirage des Bateaux.

Le prix du déchirage & dépeffage des bateaux eft payé au huitiéme de leur achat. Un bateau que l'on voudra déchirer, & qui aura été acheté 60 livres, il en fera payé 7 liv. 10 fols pour le droit aux Officiers Contrôleurs.

Un autre bateau pour déchirer, qui aura été acheté 40 livres, il fera payé 5 liv. pour le droit, qui eft la huitiéme partie de l'achat.

Des dixiémes & sol pour livre qu'il faut encore payer sur lesdits bois.

Il a été ci-devant fait des Tables du prix des droits que l'on paye aux Officiers Contrôleurs des bois quarrez; mais outre ces sommes, les Marchands & autres sont obligez de payer deux dixiémes & le sol pour livre par augmentation desdits droits, comme il est ci-dessous expliqué.

Le prix du droit de cent pieces de bois de Brin, reduites & fournies, est de   59 l. 0 s. 0 d.

Le premier dixiéme est de   5 l. 18 s. 0 d.

Le second dixiéme, tiré de la somme provenue du droit & du 1er dixiéme, est de   6 l. 9 s. 9 d. $\frac{3}{5}$

Le sol pour livre du droit seul est de   2 l. 19 s. 0 d.

Total du cent de pieces du bois de Brin,   74 l. 6 s. 9 d. $\frac{3}{5}$

On a fait des Tables pour connoître le prix de chaque cent de bois, pour en sçavoir l'augmentation par piece, par toise ou par voye, comme on peut voir dans lesdites Tables, en additionnant les sommes ensemble, lesquelles commencent depuis un jusqu'à 10, puis de 10 en 10, ensuite jusqu'à mille.

Soit pour exemple 158 pieces de bois de Brin, réduites & fournies; on entend que les 10 & les 4 par cent ont été déduites, & que les Tables suivantes ont été calculées sur ce même pied: lorsqu'on dit cent pieces de bois de Brin, réduites & fournies à 59 livres, c'est que les 10 par cent ont été déduites; ce qu'il faut entendre de tous les autres.

Pieces.	Le Droit.	1er dixiéme.	2^{d} dixiéme.	Sol pour livre.
100	59 l. 0 s. 0 d.	5 l. 18 s. 0 d.	6 l. 9 s. 10 d.	2 l. 19 s. 0 d.
50	29 l. 10 s. 0 d.	2 l. 19 s. 0 d.	3 l. 4 s. 11 d.	1 l. 9 s. 6 d.
8	4 l. 14 s. 5 d.	0 l. 9 s. 5 d.	0 l. 10 s. 5 d.	0 l. 4 s. 9 d.
158	93 l. 4 s. 5 d.	9 l. 6 s. 5 d.	10 l. 5 s. 2 d.	4 l. 13 s. 3 d.

Le droit des Contrôleurs,   93 liv.   4 ſols 5 den.
Le premier dixiéme,   9 liv.   6 ſols 5 den.
Le ſecond dixiéme ,   10 liv.   5 ſols 2 den.
Le ſol pour livre ,   4 liv. 13 ſols 3 den.

Total pour 158 pieces, 117 liv. 9 ſols 3 den.

Du dixiéme, ou des deux ſols pour livre.

Tirer le dixiéme d'une ſomme, c'eſt trouver combien de fois elle contient 10 ; comme le dixiéme de 259 livres 15 ſols, c'eſt 25 liv. 19 ſols 6 den. il ne faut que couper la derniere figure comme 25|9 liv. ce ſera 25 livres ; il faut doubler le 9, & y joindre 1 de la dixaine des 15 ſols, vous aurez 19 ſols, & les 5 ſols reſtant, il les faut reduire en deniers, en multipliant 5 par 12, font 60, dont le dixiéme eſt 6 : pour ſçavoir le dixiéme de 59, il faut tirer une ligne entre le 5 & le 9, ce ſera 5 liv. & doubler le 9, viendra 18 ſols, qui feront 5 liv. 18 ſols pour le dixiéme de 59 liv.

Pour avoir le dixiéme de la ſomme & du dixiéme, il les faut joindre enſemble.

Premiere ſomme   59 liv. 0 ſols.
Le dixiéme de cette ſomme ,   5 liv. 18 ſols.

Total   64 liv. 18 ſols.

Il faut tirer une ligne entre le 6 & le 4, viendra 6 liv. il faut doubler le 4 pour avoir des ſols, viendra 8 ſols, avec un de la dixaine des 18 ſols, feront 9 ſols ; il reſtera 8 ſols, qu'il faut multiplier par 12 deniers, font 96 den. dont le dixiéme eſt 9 den. $\frac{3}{5}$, la ſomme montera à 6 livres 9 ſols 9 den. $\frac{3}{5}$, pour le dixiéme de 64 liv. 18 ſols ; ou bien 6 liv. 9 ſols 10 den. pour éviter les fractions du denier, qui ont été ſupprimées dans les Tables ſuivantes, pour ne pas être ennuyeux à ceux qui ne connoiſſent pas les fractions.

pieces.	Le cent de bois de Brin à 59 liv.			Premier dixiéme.			Second dixiéme.			Le sol pour livre.		
	liv.	sols.	den.	liv.	sols.	den.	liv.	sols.	den.	liv.	sols.	den.
1.		11.	10.		1.	2.		1.	4.			7.
2.	1.	3.	7.		2.	4.		2.	7.		1.	2.
3.	1.	15.	5.		3.	7.		3.	11.		1.	10.
4.	2.	7.	2.		4.	9.		5.	2.		2.	5.
5.	2.	19.			5.	11.		6.	6.		3.	
6.	3.	10.	10.		7.	1.		7.	9.		3.	7.
7.	4.	2.	7.		8.	3.		9.	1.		4.	2.
8.	4.	14.	5.		9.	5.		10.	5.		4.	9.
9.	5.	6.	2.		10.	7.		11.	8.		5.	7.
10.	5.	18.			11.	10.		13.			5.	11.
20.	11.	16.		1.	3.	7.	1.	5.	11.		11.	10.
30.	17.	14.		1.	15.	5.	1.	18.	11.		17.	8.
40.	23.	12.		2.	7.	2.	2.	11.	11.	1.	3.	7.
50.	29.	10.		2.	19.		3.	4.	11.	1.	9.	6.
60.	35.	8.		3.	10.	10.	3.	17.	11.	1.	15.	5.
70.	41.	6.		4.	2.	7.	4.	10.	10.	2.	1.	4.
80.	47.	4.		4.	14.	5.	5.	3.	10.	2.	7.	2.
90.	53.	2.		5.	6.	2.	5.	16.	10.	2.	13.	1.
100.	59.			5.	18.		6.	9.	10.	2.	19.	
200.	118.			11.	16.		12.	19.	7.	5.	18.	
300.	177.			17.	14.		19.	9.	5.	8.	17.	
400.	236.			23.	12.		25.	19.	2.	11.	16.	
500.	295.			29.	10.		32.	9.		14.	15.	
600.	354.			35.	8.		38.	18.	10.	17.	4.	
700.	413.			41.	6.		45.	8.	7.	20.	13.	
800.	472.			47.	4.		51.	18.	5.	23.	12.	
900.	531.			53.	2.		58.	8.	2.	26.	11.	
1000.	590.			59.			54.	18.		29.	10.	

Le cent de Solives à 54 liv.				Premier dixiéme.			Second dixiéme.			Le sol pour livre.		
Pieces.	liv.	sols.	den.	liv.	sols.	den.	liv.	sols.	den.	liv.	sols.	den.
1.		10.	10.		1.	1.		1.	2.			7
2.	1.	1.	7.		2.	2.		2.	4.		1.	1
3.	1.	12.	5.		3.	3.		3.	7.		1.	7
4.	2.	3.	2.		4.	4.		4.	9.		2.	2
5.	2.	14.			5.	5.		5.	11.		2.	8
6.	3.	4.	10.		6.	6.		7.	1.		3.	3
7.	3.	15.	7.		7.	7.		8.	4.		3.	10
8.	4.	6.	5.		8.	8.		9.	6.		4.	4
9.	4.	17.	2.		9.	9.		10.	8.		4.	11
10.	5.	8.			10.	10.		11.	11.		5.	5
20.	10.	16.		1.	1.	7.	1.	3.	9.		10.	10
30.	16.	4.		1.	12.	5.	1.	15.	8.		16.	3
40.	21.	12.		2.	3.	2.	2.	7.	6.	1.	1.	7
50.	27.			2.	14.		2.	19.	5.	1.	7.	
60.	32.	8.		3.	4.	10.	3.	11.	3.	1.	12.	5
70.	37.	16.		3.	15.	7.	4.	3.	2.	1.	17.	10.
80.	43.	4.		4.	6.	5.	4.	15.		2.	3.	2.
90.	48.	12.		4.	17.	2.	5.	6.	11.	2.	8.	7.
100.	54.			5.	8.		5.	18.	10.	2.	14.	
200.	108.			10.	16.		11.	17.	7.	5.	8.	
300.	162.			16.	4.		17.	16.	5.	8.	2.	
400.	216.			21.	12.		23.	15.	2.	10.	16.	
500.	270.			27.			29.	14.		13.	10.	
600.	324.			32.	8.		35.	12.	10.	16.	4.	
700.	378.			37.	16.		41.	11.	7.	18.	18.	
800.	432.			43.	4.		47.	10.	5.	21.	12.	
900.	486.			48.	12.		53.	9.	2.	24.	6.	
1000.	540.			54.			59.	8.		27.		

e cent de Poteaux, Membrures & Chevrons, à 38 liv.				Premier dixiéme.			Second dixiéme.			Le sol pour livre.		
pieces.	liv.	sols.	den.	liv.	sols.	den.	liv.	sols.	den.	liv.	sols.	den.
1.		7.	7.			9.			10.			5.
2.		15.	2.		1.	6.		1.	8.			9.
3.	1.	2.	10.		2.	3.		2.	6.		1.	2.
4.	1.	10.	5.		3.			3.	4.		1.	6.
5.	1.	18.			3.	10.		4.	2.		1.	11.
6.	2.	5.	7.		4.	7.		5.			2.	3.
7.	2.	13.	2.		5.	4.		5.	10.		2.	8.
8.	3.	0.	10.		6.	1.		6.	8.		3.	1.
9.	3.	8.	5.		6.	10.		7.	6.		3.	5.
0.	3.	16.			7.	7.		8.	4.		3.	10.
0.		7.	12.		15.	2.		16.	9.		7.	7.
0.		11.	8.	1.	2.	10.	1.	5.	1.		11.	5.
0.		15.	4.	1.	10.	5.	1.	13.	5.		15.	2.
0.		19.		1.	18.		2.	1.	10.		19.	
0.		22.	16.	2.	5.	7.	2.	10.	2.	1.	2.	10.
0.		26.	12.	2.	13.	2.	2.	18.	6.	1.	6.	7.
0.		30.	8.	3.	0.	10.	3.	6.	11.	1.	10.	5.
0.		34.	4.	3.	8.	5.	3.	15.	3.	1.	14.	2.
00.		38.		3.	16.		4.	3.	7.	1.	18.	
00.		76.		7.	12.		8.	7.	2.	3.	16.	
00.		114.		11.	8.		12.	10.	10.	5.	14.	
00.		152.		15.	4.		16.	14.	5.	7.	12.	
00.		190.		19.			20.	18.		9.	10.	
00.		228.		22.	16.		25.	1.	7.	11.	8.	
00.		266.		26.	12.		29.	5.	2.	13.	6.	
00.		304.		30.	8.		33.	8.	10.	15.	4.	
00.		342.		34.	4.		37.	12.	5.	17.	2.	
000.		380.		38.			41.	16.		19.		

Planches & Dosses chesne de 12 pieds, & bottes d'Echalats à 13 livres.				Premier dixiéme.			Secónd dixiéme.			Le sol pour livre.		
Toises.	liv.	sols.	den.	liv.	sols.	den.	liv.	sols.	den.	liv.	sols.	den.
1.		2	7			3			3			2
2.		5	2			6			7			3
3.		7	10			9			10			5
4.		10	5		1	1		1	2			6
5.		13			1	4		1	5			8
6.		15	7		1	7		1	9			9
7.		18	2		1	10		2				11
8.	1	0	10		2	1		2	3		1	1
9.	1	3	5		2	4		2	7		1	2
10.	1	6			2	7		2	10		1	4
20.	2	12			5	2		5	9		2	7
30.	3	18			7	10		8	7		3	11
40.	5	4			10	5		11	5		5	2
50.	6	10			13	0		14	4		6	6
60.	7	16			15	7		17	2		7	10
70.	9	2			18	2	1				9	1
80.	10	8		1	0	10	1	2	11		10	5
90.	11	14		1	3	5	1	5	9		11	8
100.	13			1	6		1	8	7		13	
200.	26			2	12		2	17	2	1	6	
300.	39			3	18		4	5	10	1	19	
400.	52			5	4		5	14	5	2	12	
500.	65			6	10		7	3		3	5	
600.	78			7	16		8	11	7	3	18	
700.	91			9	2		10	0	2	4	11	
800.	104			10	8		11	8	10	5	4	
900.	117			11	14		12	17	5	5	17	
1000.	130			13			14	6		6	10	

Planches & Dosses chesne de 9 pieds, noyer & poirier, à 11 livres.				Premier dixiéme.			Second dixiéme.			Le sol pour livre.		
Toises.	liv.	sols.	den.	liv.	sols	den.	liv.	sols.	den.	liv.	sols.	den.
1.		2.	2.			3.			3.			1.
2.		4.	5.			5.			6.			3.
3.		6.	7.			8.			9.			4.
4.		8.	10.			11.		1.				5.
5.		11.			1.	1.		1.	2.			7.
6.		13.	2.		1.	4.		1.	5.			8.
7.		15.	5.		1.	6.		1.	8.			9.
8.		17.	7.		1.	9.		1.	11.			11.
9.		19.	10.		2.			2.	2.		1.	
10.	1.	2.			2.	2.		2.	5.		1.	1.
20.	2.	4.			4.	5.		4.	10.		2.	2.
30.	3.	6.			6.	7.		7.	3.		3.	4.
40.	4.	8.			8.	10.		9.	8.		4.	5.
50.	5.	10.			11.			12.	1.		5.	6.
60.	6.	12.			13.	2.		14.	6.		6.	7.
70.	7.	14.			15.	5.		16.	11.		7.	8.
80.	8.	16.			17.	7.		19.	4.		8.	10.
90.	9.	18.			19.	10.	1.	1.	9.		9.	11.
100.	11.			1.	2.		1.	4.	2.		11.	
200.	22.			2.	4.		2.	8.	5.	1.	2.	
300.	33.			3.	6.		3.	12.	7.	1.	13.	
400.	44.			4.	8.		4.	16.	10.	2.	4.	
500.	55.			5.	10.		6.	1.		2.	15.	
600.	66.			6.	12.		7.	5.	2.	3.	6.	
700.	77.			7.	14.		8.	9.	5.	3.	17.	
800.	88.			8.	16.		9.	13.	7.	4.	8.	
900.	99.			9.	18.		10.	17.	10.	4.	19.	
1000.	110.			11.			12.	2.		5.	10.	

Planches & Dosses chesne de 6 pieds, & Contre-lattes, à 6 liv. 10 sols.				Premier dixiéme.			Second dixiéme.			Le sol pour livre.		
Toises.	liv.	sols.	den.	liv.	sols.	den.	liv.	sols.	den.	liv.	sols.	den.
1.		1.	3.			1.			2.			1.
2.		2.	7.			3.			3.			2.
3.		3.	11.			5.			5.			2.
4.		5.	2.			6.			7.			3.
5.		6.	6.			8.			8.			4.
6.		7.	10.			9.			10.			5.
7.		9.	1.			11.		1.				5.
8.		10.	5.		1.			1.	2.			6.
9.		11.	8.		1.	2.		1.	3.			7.
10.		13.			1.	4.		1.	5.			8.
20.	1.	6.			2.	7.		2.	10.		1.	4.
30.	1.	19.			3.	11.		4.	3.		2.	
40.	2.	12.			5.	2.		5.	9.		2.	7.
50.	3.	5.			6.	6.		7.	2.		3.	3.
60.	3.	18.			7.	10.		8.	7.		3.	11.
70.	4.	11.			9.	1.		10.			4.	7.
80.	5.	4.			10.	5.		11.	5.		5.	2.
90.	5.	17.			11.	8.		12.	10.		5.	10.
100.	6.	10.			13.			14.	4.		6.	6.
200.	13.			1.	6.		1.	8.	7.		13.	
300.	19.	10.		1.	19.		2.	2.	11.		19.	6.
400.	26.			2.	12.		2.	17.	2.	1.	6.	
500.	32.	10.		3.	5.		3.	11.	6.	1.	12.	6.
600.	39.			3.	18.		4.	5.	10.	1.	19.	
700.	45.	10.		4.	11.		5.	0.	1.	2.	5.	6.
800.	52.			5.	4.		5.	14.	5.	2.	12.	
900.	58.	10.		5.	17.		6.	8.	7.	2.	18.	6.
1000.	65.			6.	10.		7.	3.		3.	5.	

Cent toises de Tables de noyer, à 24 liv.				Premier dixiéme.			Second dixiéme.			Le sol pour livre.		
Toises.	liv.	sols.	den.	liv.	sols.	den.	liv.	sols.	den.	liv.	sols.	den.
1.		4.	10.			6.			6.			3.
2.		9.	7.		1.			1.	1.			6.
3.		14.	5.		1.	5.		1.	7.			9.
4.		19.	2.		1.	11.		2.	1.		1.	
5.	1.	4.			2.	5.		2.	8.		1.	2.
6.	1.	8.	10.		2.	11.		3.	2.		1.	5.
7.	1.	13.	7.		3.	4.		3.	8.		1.	8.
8.	1.	18.	5.		3.	10.		4.	3.		1.	11.
9.	2.	3.	2.		4.	4.		4.	9.		2.	2.
10.	2.	8.			4.	10.		5.	3.		2.	5.
20.	4.	16.			9.	7.		10.	7.		4.	10.
30.	7.	4.			14.	5.		15.	10.		7.	2.
40.	9.	12.			19.	2.	1.	1.	1.		9.	7.
50.	12.			1.	4.		1.	6.	5.		12.	
60.	14.	8.		1.	8.	10.	1.	11.	8.		14.	5.
70.	16.	16.		1.	13.	7.	1.	16.	11.		16.	10.
80.	19.	4.		1.	18.	5.	2.	2.	3.		19.	2.
90.	21.	12.		2.	3.	2.	2.	7.	6.	1.	1.	7.
100.	24.			2.	8.		2.	12.	10.	1.	4.	
200.	48.			4.	16.		5.	5.	7.	2.	8.	
300.	72.			7.	4.		7.	18.	5.	3.	12.	
400.	96.			9.	12.		10.	11.	2.	4.	16.	
500.	120.			12.			13.	4.		6.		
600.	144.			14.	8.		15.	16.	10.	7.	4.	
700.	168.			16.	16.		18.	9.	7.	8.	8.	
800.	192.			19.	4.		21.	2.	5.	9.	12.	
900.	216.			21.	12.		23.	15.	2.	10.	16.	
1000.	240.			24.			26.	8.		12.		

Cent toises d'Estaux hêtre, à 69 livres.				Premier dixiéme.			Second dixiéme.			Le sol pour livre.		
Toises.	liv.	sols	den.	liv.	sols.	den.	liv.	sols.	den.	liv.	sols.	den.
1.		13	10		1	5		1	6				8
2.	1	7	7		2	9		3				1	5
3.	2	1	5		4	2		4	7			2	1
4.	2	15	2		5	6		6	1			2	9
5.	3	9			6	11		7	7			3	5
6.	4	2	10		8	3		9	1			4	2
7.	4	16	7		9	8		10	7			4	10
8.	5	10	5		11			12	2			5	6
9.	6	4	2		12	5		13	8			6	3
10.	6	18			13	10		15	2			6	11
20.	13	16		1	7	7	1	10	4		13	10
30.	20	14		2	1	5	2	5	6	1	0	8
40.	27	12		2	15	2	3	0	9	1	7	7
50.	34	10		3	9		3	15	11	1	14	6
60.	41	8		4	2	10	4	11	1	2	1	5
70.	48	6		4	16	7	5	6	3	2	8	4
80.	55	4		5	10	5	6	1	5	2	15	2
90.	62	2		6	4	2	6	16	7	3	2	1
100.	69			6	18		7	11	10	3	9	
200.	138			13	16		15	3	7	6	18	
300.	207			20	14		22	15	5	10	7	
400.	276			27	12		30	7	2	13	16	
500.	345			34	10		37	19		17	5	
600.	414			41	8		45	10	10	20	14	
700.	483			48	6		53	2	7	24	3	
800.	552			55	4		60	14	5	27	12	
900.	621			62	2		68	6	2	31	1	
1000.	690			69			75	18		34	10	

Cent toises de Goutieres, à 30 liv.				Premier dixiéme.			Second dixiéme.			Le sol pour livre.		
toises.	liv.	sols.	den.	liv.	sols.	den.	liv.	sols.	den.	liv.	sols.	den.
1.		6.				7.			8.			4.
2.		12.			1.	2.		1.	4.			7.
3.		18.			1.	10.		2.				11.
4.	1.	4.			2.	5.		2.	8.		1.	2.
5.	1.	10.			3.			3.	4.		1.	6.
6.	1.	16.			3.	7.		4.			1.	10.
7.	2.	2.			4.	2.		4.	7.		2.	1.
8.	2.	8.			4.	10.		5.	3.		2.	5.
9.	2.	14.			5.	5.		5.	11.		2.	8.
10.	3.				6.			6.	7.		3.	
20.	6.				12.			13.	2.		6.	
30.	9.				18.			19.	10.		9.	
40.	12.			1.	4.		1.	6.	5.		12.	
50.	15.			1.	10.		1.	13.			15.	
60.	18.			1.	16.		1.	19.	7.		18.	
70.	21.			2.	2.		2.	6.	2.	1.	1.	
80.	24.			2.	8.		2.	12.	10.	1.	4.	
90.	27.			2.	14.		2.	19.	5.	1.	7.	
100.	30.			3.			3.	6.		1.	10.	
200.	60.			6.			6.	12.		3.		
300.	90.			9.			9.	18.		4.	10.	
400.	120.			12.			13.	4.		6.		
500.	150.			15.			16.	10.		7.	10.	
600.	180.			18.			19.	16.		9.		
700.	210.			21.			23.	2.		10.	10.	
800.	240.			24.			26.	8.		12.		
900.	270.			27.			29.	14.		13.	10.	
1000.	300.			30.			33.			15.		

Cent toises Hestre, Sapin, & bois blanc, à 7 liv. 10 sols.				Premier dixiéme.			Second dixiéme.			Le sol pour livre.		
Toises.	liv.	sols.	den.	liv.	sols.	den.	liv.	sols.	den.	liv.	sols.	den.
1.		1.	6.			2.			2.			1.
2.		3.				4.			4.			2.
3.		4.	6.			5.			6.			3.
4.		6.				7.			8.			4.
5.		7.	6.			9.			10.			5.
6.		9.				11.		1.				5.
7.		10.	6.		1.	1.		1.	2.			6.
8.		12.			1.	2.		1.	4.			7.
9.		13.	6.		1.	4.		1.	6.			8.
10.		15.			1.	6.		1.	8.			9.
20.	1.	10.			3.			3.	4.		1.	6.
30.	2.	5.			4.	6.		4.	11.		2.	3.
40.	3.				6.			6.	7.		3.	
50.	3.	15.			7.	6.		8.	3.		3.	9.
60.	4.	10.			9.			9.	11.		4.	6.
70.	5.	5.			10.	6.		11.	7.		5.	3.
80.	6.				12.			13.	2.		6.	
90.	6.	15.			13.	6.		14.	10.		6.	9.
100.	7.	10.			15.			16.	6.		7.	6.
200.	15.			1.	10.		1.	13.			15.	
300.	22.	10.		2.	5.		2.	9.	6.	1.	2.	6.
400.	30.			3.			3.	6.		1.	10.	
500.	37.	10.		3.	15.		4.	2.	6.	1.	17.	6.
600.	45.			4.	10.		4.	19.		2.	5.	
700.	52.	10.		5.	5.		5.	15.	6.	2.	12.	6.
800.	60.			6.			6.	12.		3.		
900.	67.	10.		6.	15.		7.	8.	6.	3.	7.	6.
1000.	75.			7.	10.		8.	5.		3.	15.	

Cent toises de Planches volilles, à 2 liv. 10 f.				Premier dixiéme.			Second dixiéme.			Le sol pour livre.		
Toises.	liv.	sols.	den.	liv.	sols.	den.	liv.	sols.	den.	liv.	sols.	den.
1.			6.			1.			1.			0.
2.		1.				1.			1.			1.
3.		1.	6.			2.			2.			1.
4.		2.				2.			3.			1.
5.		2.	6.			3.			3.			2.
6.		3.				4.			4.			2.
7.		3.	6.			4.			5.			2.
8.		4.				5.			5.			2.
9.		4.	6.			5.			6.			3.
10.		5.				6.			7.			3.
20.		10.			1.			1.	1.			6.
30.		15.			1.	6.		1.	8.			9.
40.	1.				2.			2.	2.		1.	
50.	1.	5.			2.	6.		2.	9.		1.	3.
60.	1.	10.			3.			3.	4.		1.	6.
70.	1.	15.			3.	6.		3.	10.		1.	9.
80.	2.				4.			4.	5.		2.	
90.	2.	5.			4.	6.		4.	11.		2.	3.
100.	2.	10.			5.			5.	6.		2.	6.
200.	5.				10.			11.			5.	
300.	7.	10.			15.			16.	6.		7.	6.
400.	10.			1.			1.	2.			10.	
500.	12.	10.		1.	5.		1.	7.	6.		12.	6.
600.	15.			1.	10.		1.	13.			15.	
700.	17.	10.		1.	15.		1.	18.	6.		17.	6.
800.	20.			2.			2.	4.		1.		
900.	22.	10.		2.	5.		2.	9.	6.	1.	2.	6.
1000.	25.			2.	10.		2.	15.		1.	5.	

Cent bottes de Lattes à ardoise, à 8 liv. 15 sols.				Premier dixiéme.			Second dixiéme.			Le sol pour livre.		
Bottes.	liv.	sols.	den.	liv.	sols.	den.	liv.	sols.	den.	liv.	sols.	den.
1.		1.	9.			2.			2.			1.
2.		3.	6.			4.			5.			2.
3.		5.	3.			6.			7.			3.
4.		7.				8.			9.			4.
5.		8.	9.			11.		1.				5.
6.		10.	6.		1.	1.		1.	2.			6.
7.		12.	3.		1.	3.		1.	4.			7.
8.		14.			1.	5.		1.	6.			8.
9.		15.	9.		1.	7.		1.	9.			9.
10.		17.	6.		1.	9.		1.	11.			11.
20.	1.	15.			3.	6.		3.	10.		1.	9.
30.	2.	12.	6.		5.	3.		5.	9.		2.	8.
40.	3.	10.			7.			7.	8.		3.	6.
50.	4.	7.	6.		8.	9.		9.	7.		4.	5.
60.	5.	5.			10.	6.		11.	7.		5.	3.
70.	6.	2.	6.		12.	3.		13.	6.		6.	2.
80.	7.				14.			15.	5.		7.	
90.	7.	17.	6.		15.	9.		17.	4.		7.	11.
100.	8.	15.			17.	6.		19.	3.		8.	9.
200.	17.	10.		1.	15.		1.	18.	6.		17.	6.
300.	26.	5.		2.	12.	6.	2.	17.	9.	1.	6.	3.
400.	35.			3.	10.		3.	17.		1.	15.	
500.	43.	15.		4.	7.	6.	4.	16.	3.	2.	3.	9.
600.	52.	10.		5.	5.		5.	15.	6.	2.	12.	6.
700.	61.	5.		6.	2.	6.	6.	14.	9.	3.	1.	3.
800.	70.			7.			7.	14.		3.	10.	
900.	78.	15.		7.	17.	6.	8.	13.	3.	3.	18.	9.
1000.	87.	10.		8.	15.		9.	12.	6.	4.	7.	6.

Cent bottes de Lattes quarrées, à 8 liv. 7 f. 6 den.			Premier dixiéme.			Second dixiéme.			Le sol pour livre.		
Bottes.	liv.	sols.	den.	liv.	sols.	den.	liv.	sols.	den.	liv.	sols.	den.
1.		1.	8.			2.			2.			1.
2.		3.	4.			4.			4.			2.
3.		5.				6.			7.			3.
4.		6.	8.			8.			9.			4.
5.		8.	4.			10.			11.			5.
6.		10.	1.		1.			1.	1.			6.
7.		11.	9.		1.	2.		1.	3.			7.
8.		13.	5.		1.	4.		1.	6.			8.
9.		15.	1.		1.	6.		1.	8.			9.
10.		16.	9.		1.	8.		1.	10.			10.
20.	1.	13.	6.		3.	4.		3.	8.		1.	8.
30.	2.	10.	3.		5.			5.	6.		2.	6.
40.	3.	7.			6.	8.		7.	4.		3.	4.
50.	4.	3.	9.		8.	5.		9.	3.		4.	2.
60.	5.	0.	6.		10.	1.		11.	1.		5.	
70.	5.	17.	3.		11.	9.		12.	11.		5.	10.
80.	6.	14.			13.	5.		14.	9.		6.	8.
90.	7.	10.	9.		15.	1.		16.	7.		7.	6.
100.	8.	7.	6.		16.	9.		18.	5.		8.	5.
200.	16.	15.		1.	13.	6.	1.	16.	10.		16.	9.
300.	25.	2.	6.	2.	10.	3.	2.	15.	3.	1.	5.	2.
400.	33.	10.		3.	7.		3.	13.	8.	1.	13.	6.
500.	41.	17.	6.	4.	3.	9.	4.	12.	2.	2.	1.	11.
600.	50.	5.		5.	0.	6.	5.	10.	7.	2.	10.	3.
700.	58.	12.	6.	5.	17.	3.	6.	9.		2.	18.	8.
800.	67.			6.	14.		7.	7.	5.	3.	7.	
900.	75.	7.	6.	7.	10.	9.	8.	5.	10.	3.	15.	5.
1000.	83.	15.		8.	7.	6.	9.	4.	3.	4.	3.	9.

Cent gentes, ou rayes, à 5 livres 10 sols.				Premier dixiéme.			Second dixiéme.			Le sol pour livre.		
Rayes.	liv.	sols.	den.	liv.	sols.	den.	liv.	sols.	den.	liv.	sols.	den.
1.		1.	1.			1.			1.			1.
2.		2.	2.			3.			3.			1.
3.		3.	4.			4.			4.			2.
4.		4.	5.			5.			6.			3.
5.		5.	6.			7.			7.			3.
6.		6.	7.			8.			9.			4.
7.		7.	8.			9.			10.			5.
8.		8.	10.			11.		1.				5.
9.		9.	11.		1.			1.	1.			6.
10.		11.			1.	1.		1.	2.			7.
20.	1.	2.			2.	2.		2.	5.		1.	1.
30.	1.	13.			3.	4.		3.	8.		1.	8.
40.	2.	4.			4.	5.		4.	10.		2.	2.
50.	2.	15.			5.	6.		6.	1.		2.	9.
60.	3.	6.			6.	7.		7.	3.		3.	4.
70.	3.	17.			7.	8.		8.	6.		3.	10.
80.	4.	8.			8.	10.		9.	8.		4.	5.
90.	4.	19.			9.	11.		10.	10.		4.	11.
100.	5.	10.			11.			12.	1.		5.	6.
200.	11.			1.	2.		1.	4.	2.		11.	
300.	16.	10.		1.	13.		1.	16.	4.		16.	6.
400.	22.			2.	4.		2.	8.	5.	1.	2.	
500.	27.	10.		2.	15.		3.	0.	6.	1.	7.	6.
600.	33.			3.	6.		3.	12.	7.	1.	13.	
700.	38.	10.		3.	17.		4.	4.	8.	1.	18.	6.
800.	44.			4.	8.		4.	16.	10.	2.	4.	
900.	49.	10.		4.	19.		5.	8.	11.	2.	9.	6.
1000.	55.			5.	10.		6.	1.		2.	15.	

Voye fixée à 26 toises, à 5 liv. 10 s.				Premier dixiéme.			Second dixiéme.			Le sol pour livre.		
Toises.	liv.	sols.	den.	liv.	sols.	den.	liv.	sols.	den.	liv.	sols.	den.
1.		4.	5.			5.			6.			3.
2.		8.	10.			11.		1.				5.
3.		13.	2.		1.	4.		1.	5.			8.
4.		17.	7.		1.	9.		1.	11.			11.
5.	1.	2.			2.	2.		2.	5.		1.	1.
10.	2.	4.			4.	5.		4.	10.		2.	2.
15.	3.	6.			6.	7.		7.	3.		3.	4.
20.	4.	8.			8.	10.		9.	8.		4.	5.
25.	5.	10.			11.			12.	1.		5.	6.
26.	5.	10.			11.			12.	1.		5.	6.
52.	11.			1.	2.		1.	4.	2.		11.	
78.	16.	10.		1.	13.		1.	16.	4.		16.	6.
104.	22.			2.	4.		2.	8.	5.	1.	2.	

30 Empannons, 30 toises Brancart, à 5 liv. 10 sols.				Premier dixiéme.			Second dixiéme.			Le sol pour livre.		
Toises.	liv.	sols.	den.	liv.	sols.	den.	liv.	sols.	den.	liv.	sols.	den.
1.		3.	8.			4.			5.			2.
2.		7.	4.			9.			10.			4.
3.		11.			1.	1.		1.	2.			7.
4.		14.	8.		1.	6.		1.	7.			9.
5.		18.	4.		1.	10.		2.				11.
10.	1.	16.	8.		3.	8.		4.			1.	10.
15.	2.	15.			5.	6.		6.	1.		2.	9.
20.	3.	13.	4.		7.	4.		8.	1.		3.	8.
25.	4.	11.	8.		9.	2.		10.	1.		4.	7.
30.	5.	10.			11.			12.	1.		5.	6.
60.	11.			1.	2.		1.	4.	2.		11.	
90.	16.	10.		1.	13.		1.	16.	4.		16.	6.
120.	22.			2.	4.		2.	8.	5.	1.	2.	

75 Moutons de 3 pieds $\frac{1}{2}$ de long chacun, à 5 l. 10 s.				Premier dixiéme.			Second dixiéme.			Le sol pour livre.		
Moutons.	liv.	sols.	den.	liv.	sols	den.	liv.	sols.	den.	liv.	sols.	den.
1.		1.	6.			2.			2.			1.
2.		2.	11.			4.			4.			2.
3.		4.	5.			5.			6.			3.
4.		5.	10.			7.			8.			4.
5.		7.	4.			9.			10.			4.
10.		14.	8.		1.	6.		1.	7.			9.
15.	1.	2.			2.	2.		2.	5.		1.	1.
20.	1.	9.	4.		2.	11.		3.	3.		1.	5.
25.	1.	16.	8.		3.	8.		4.			1.	10.
30.	2.	4.			4.	5.		4.	10.		2.	2.
35.	2.	11.	4.		5.	2.		5.	8.		2.	7.
40.	2.	18.	8.		5.	10.		6.	5.		2.	11.
45.	3.	6.			6.	7.		7.	3.		3.	4.
50.	3.	13.	4.		7.	4.		8.	1.		3.	8.
55.	4.	0.	8.		8.	1.		8.	11.		4.	
60.	4.	8.			8.	10.		9.	8.		4.	5.
65.	4.	15.	4.		9.	6.		10.	6.		4.	9.
70.	5.	2.	8.		10.	3.		11.	4.		5.	2.
75.	5.	10.			11.			12.	1.		5.	6.
150.	11.			1.	2.		1.	4.	2.		11.	
225.	16.	10.		1.	13.		1.	16.	4.		16.	6.
300.	22.			2.	4.		2.	8.	5.	1.	2.	
375.	27.	10.		2.	15.		3.	0.	6.	1.	7.	6.
450.	33.			3.	6.		3.	12.	7.	1.	13.	

Voye fixée à 8 toises, à 5 livres 10 sols.				Premier dixiéme.			Second dixiéme.			Le sol pour livre.		
Toises	liv.	sols.	den.	liv.	sols.	den.	liv.	sols.	den.	liv.	sals.	den.
1		13	9		1	5		1	6			8
2	1	7	6		2	9		3			1	5
3	2	1	3		4	2		4	7		2	1
4	2	15			5	6		6	1		2	9
5	3	8	9		6	11		7	7		3	5
6	4	2	6		8	3		9	1		4	2
7	4	16	3		9	8		10	7		4	10
8	5	10			11			12	1		5	6
16	11			1	2		1	4	2		11	
24	16	10		1	13		1	16	4		16	6
32	22			2	4		2	8	5	1	2	
40	27	10		2	15		3	0	6	1	7	6

Cinq toises de moyeux, à 5 liv. 10 sols.				Premier dixiéme.			Second dixiéme.			Le sol pour livre.		
Toises	liv.	sols	den.	liv.	sols.	den.	liv.	sols.	den.	liv.	sols.	den.
1	1	2			2	2		2	5		1	1
2	2	4			4	5		4	10		2	2
3	3	6			6	7		7	3		3	4
4	4	8			8	10		9	8		4	5
5	5	10			11			12	1		5	6
10	11			1	2		1	4	2		11	
15	16	10		1	13		1	16	4		16	6
20	22			2	4		2	8	5	1	2	
25	27	10		2	15		3	0	6	1	7	6
30	33			3	6		3	12	7	1	13	

Le millier de goberges, merain, courçon, parquet & panneau eſt de   10 liv. 0 ſ. 0 den.
Le premier dixiéme eſt de   1 liv. 0 ſ. 0 den.
Le ſecond dixiéme eſt de   1 liv. 2 ſ. 0 den.
Le ſol pour livre eſt de   0 liv. 10 ſ. 0 den.

Total pour chaque millier, qui vaut une livre 5 ſols 2 den. $\frac{2}{5}$ chaque cent.   12 liv. 12 ſ. 0 den.

La voye ou charretée de noyer, cormier, poirier, & autres, évaluée, ſuivant le Tarif des Chargeurs, à   7 liv. 0 ſ. 0 den.
Le premier dixiéme eſt de   0 liv. 14 ſ. 0 den.
Le ſecond dixiéme eſt de   0 liv. 15 ſ. 5 den.
Le ſol pour livre eſt de   0 liv. 7 ſ. 0 den.

Total pour une voye,   8 liv. 16 ſ. 5 den.

Pour un charriot de Sapin foncine,   6 liv. 10 ſ. 0 den.
Le premier dixiéme,   0 liv. 13 ſ. 0 den.
Le ſecond dixiéme,   0 liv. 14 ſ. 4 den.
Le ſol pour livre,   0 liv. 6 ſ. 6 den.

Total pour un chariot foncine,   8 liv. 3 ſ. 10 den.
Pour une paire de grandes roues neuves de charrette,   2 liv. 13 ſ. 2 den.
Le premier dixiéme,   0 liv. 5 ſ. 4 den.
Le ſecond dixiéme,   0 liv. 5 ſ. 10 den.
Le ſol pour livre,   0 liv. 2 ſ. 8 den.

Total pour les grandes roues,   3 liv. 7 ſ. 0 den.

Grandes roues neuves de carroſſe,   2 liv. 9 ſ. 6 den.
Premier dixiéme,   0 liv. 4 ſ. 11 den.
Second dixiéme,   0 liv. 5 ſ. 5 den.
Sol pour livre,   0 liv. 2 ſ. 6 den.

Total pour des roues de carroſſe,   3 liv. 2 ſ. 4 den.

Pour une paire de petites roues neuves de car-
roſſe ,   1 liv. 7 ſ. 6 den.
  Premier dixiéme ,   o liv. 2 ſ. 9 den.
  Second dixiéme ,   o liv. 3 ſ. o den.
  Sol pour livre ,   o liv. 1 ſ. 5 den.

       TOTAL ,   1 liv. 14 ſ. 8 den.

Pour un cent de groſſes perches à jardins & à Tour-
neurs ,   5 liv. o ſ. o den.
  Premier dixiéme ,   o liv. 10 ſ. o den.
  Second dixiéme ,   o liv. 11 ſ. o den.
  Sol pour livre ,   o liv. 5 ſ. o den.

       TOTAL ,   6 liv. 6 ſ. o den.

Il faut 200 perches des moyennes , ou 300 des petites
pour le même prix de 6 liv. 6 ſols par chaque 200 ou 300.

Le prix du déchirage des bateaux eſt la huitiéme partie
de leur achat, comme il a été dit ci-devant : Un bateau
qui a été acheté ſoixante livres , la huitiéme partie
eſt   7 liv. 10 ſ. o den.
  Le premier dixiéme eſt de   o liv. 15 ſ. o den.
  Le ſecond dixiéme eſt de   o liv. 16 ſ. 6 den.
  Le ſol pour livre eſt de   o liv. 7 ſ. 6 den.

       TOTAL ,   9 liv. 9 ſ. o den.

Un autre bateau qui aura été acheté 40 livres, la hui-
tiéme partie eſt   5 liv. o ſ. o den.
  Premier dixiéme ,   o liv. 10 ſ. o den.
  Second dixiéme ,   o liv. 11 ſ. o den.
  Sol pour livre ,   o liv. 5 ſ. o den.

       TOTAL ,   6 liv. 6 ſ. o den.

Il faut faire la même choſe de tous les autres bateaux
à déchirer.

Bois de Brin, ou bois rond, ou en grume, de 4 pieds ½ de longueur, de 7 pieds ½, & autres longueurs.

DEs bois qui n'ont que 4 pieds ½ de longueur, il faut prendre la moitié de la reduction de 9 pieds, qui font une toise ½ ; la moitié de 15 pieds pour ceux de 7 pieds ½ ; & la moitié de la reduction de 21 pieds pour ceux de 10 pieds ½ ; ainsi des autres.

Soit donné un bois de Brin de 7 pieds ½ de longueur, sur 8 pouces de grosseur ; cherchez en marge 8 pouces, & 2 toises ½ dans la colonne des toises, vous trouverez 2 pieces 1 pied 4 pouces, dont la moitié est une pièce 8 pouces.

Un autre bois de Brin de 10 pieds ½ de longueur, sur 15 à 16 pouces de grosseur ; cherchez dans la marge 15 à 16 pouces, & 3 toises ½ dans la colonne des toises, vous trouverez 11 pieces 4 pieds, dont la moitié est 5 pieces 5 pieds : Il faut faire la même chose de tous les autres bois de Brin ou en grume, qui seront payez à 59 livres le cent de pieces reduites & fournies. Voyez les Tables précedentes.

Un battant de 5 toises de longueur, sur 4 à 12 pouces de grosseur ; cherchez dans les Tables suivantes 4 à 12 pouces, & 5 toises de longueur, vous trouverez 3 pieces 2 pieds, qui font 3 pieces ⅓.

Un autre battant de 4 toises & demie de longueur, sur 3 à 13 pouces de grosseur, vous trouverez dans lesdites Tables 2 pieces 2 pieds 7 pouces 6 lignes. Vous observerez la même maniere pour tous les autres bois.

Tables pour la réduction des battans de differentes longueurs & grosseurs, & autres bois de Brin semi-quarts.

CEs Tables ont été mises à la fin, parceque ces sortes de bois sont moins en usage que le bois des premieres Tables ci-devant.

Comme les battans n'ont point de largeurs ni de grosseurs fixes, puisque la plûpart ce sont des bois de Brin sciez par la moitié, lesquels sont reduits en pieces, suivant les Tables ci-après, & seront payez à 54 livres le cent de pieces reduites & fournies pour les battans, qui est le même prix de la Solive ; & 59 livres le cent de pieces reduites & fournies de bois de Brin.

Les grosseurs de bois sont en marge, comme de 3 à 5 pouces, & autres ; & les longueurs, depuis une toise jusqu'à 8 toises, & depuis une toise & demie jusqu'à 8 toises & demie, comme l'on peut voir dans les deux colonnes suivantes.

	Toises.	piec.	pieds.	pou.
3 : 5	1.		1.	3.
	2.		2.	6.
	3.		3.	9.
	4.		5.	0.
	5.	1.	0.	3.
	6.	1.	1.	6.
	7.	1.	2.	9.
	8.	1.	4.	0.
3 : 6	1.		1.	6.
	2.		3.	0.
	3.		4.	6.
	4.	1.	0.	0.
	5.	1.	1.	6.
	6.	1.	3.	0.
	7.	1.	4.	6.
	8.	2.	0.	0.

	Toises & demie.	piec.	pieds.	pou.	lig.
3 : 5	1 $\frac{1}{2}$.		1.	10.	6.
	2.		3.	1.	6.
	3.		4.	4.	6.
	4.		5.	7.	6.
	5.	1.	0.	10.	6.
	6.	1.	2.	1.	6.
	7.	1.	3.	4.	6.
	8.	1.	4.	7.	6.
3 : 6	1.		2.	3.	
	2.		3.	9.	
	3.		5.	3.	
	4.	1.	0.	9.	
	5.	1.	2.	3.	
	6.	1.	3.	9.	
	7.	1.	5.	3.	
	8.	2.	0.	9.	

	Toiſes.	piec.	pieds.	pou.
3 : 7	1.		1.	9.
	2.		3.	6.
	3.		5.	3.
	4.	1.	1.	0.
	5.	1.	2.	9.
	6.	1.	4.	6.
	7.	2.	0.	3.
	8.	2.	2.	0.
3 : 8	1.		2.	
	2.		4.	
	3.	1.	0.	
	4.	1.	2.	
	5.	1.	4.	
	6.	2.	0.	
	7.	2.	2.	
	8.	2.	4.	
3 : 9	1.		2.	3.
	2.		4.	6.
	3.	1.	0.	9.
	4.	1.	3.	0.
	5.	1.	5.	3.
	6.	2.	1.	6.
	7.	2.	3.	9.
	8.	3.		
3 : 10	1.		2.	6.
	2.		5.	
	3.	1.	1.	6.
	4.	1.	4.	
	5.	2.	0.	6.
	6.	2.	3.	
	7.	2.	5.	6.
	8.	3.	2.	

	Toiſes & demie.	piec.	pieds.	pou.	lig.
3 : 7	1 ½.		2.	7.	6.
	2.		4.	4.	6.
	3.	1.	0.	1.	6.
	4.	1.	1.	10.	6.
	5.	1.	3.	7.	6.
	6.	1.	5.	4.	6.
	7.	2.	0.	1.	6.
	8.	2.	2.	10.	6.
3 : 8	1.		3.		
	2.		5.		
	3.	1.	1.		
	4.	1.	3.		
	5.	1.	5.		
	6.	2.	1.		
	7.	2.	3.		
	8.	2.	5.		
3 : 9	1.		3.	4.	6.
	2.		5.	7.	6.
	3.	1.	1.	10.	6.
	4.	1.	4.	1.	6.
	5.	2.	0.	4.	6.
	6.	2.	2.	7.	6.
	7.	2.	4.	10.	6.
	8.	3.	1.	1.	6.
3 : 10	1.		3.	9.	
	2.	1.	0.	3.	
	3.	1.	2.	9.	
	4.	1.	5.	3.	
	5.	2.	1.	9.	
	6.	2.	4.	3.	
	7.	3.	0.	9.	
	8.	3.	3.	3.	

Toises.	piec.	pieds.	pou.
1.		2.	9.
2.		5.	6.
3.	1.	2.	3.
4.	1.	5.	
5.	2.	1.	9.
6.	2.	4.	6.
7.	3.	1.	3.
8.	3.	4.	

(3 : 11)

Toises & demie.	piec.	pieds.	pou.	lig.
1 ½.		4.	1.	6.
2.	1.	0.	10.	6.
3.	1.	3.	7.	6.
4.	2.	0.	4.	6.
5.	2.	3.	1.	6.
6.	2.	5.	10.	6.
7.	3.	2.	7.	6.
8.	3.	5.	4.	6.

(3 : 11)

Toises.	piec.	pieds.	pou.
1.		3.	
2.	1.		
3.	1.	3.	
4.	2.		
5.	2.	3.	
6.	3.		
7.	3.	3.	
8.	4.		

(3 : 12)

Toises & demie.	piec.	pieds.	pou.	lig.
1.		4.	6.	
2.	1.	1.	6.	
3.	1.	4.	6.	
4.	2.	1.	6.	
5.	2.	4.	6.	
6.	3.	1.	6.	
7.	3.	4.	6.	
8.	4.	1.	6.	

(3 : 12)

Toises.	piec.	pieds.	pou.
1.		3.	3.
2.	1.	0.	6.
3.	1.	3.	9.
4.	2.	1.	
5.	2.	4.	3.
6.	3.	1.	6.
7.	3.	4.	9.
8.	4.	2.	

(3 : 13)

Toises & demie.	piec.	pieds.	pou.	lig.
1.		4.	10.	6.
2.	1.	2.	1.	6.
3.	1.	5.	4.	6.
4.	2.	2.	7.	6.
5.	2.	5.	10.	6.
6.	3.	3.	1.	6.
7.	4.	0.	4.	6.
8.	4.	3.	7.	6.

(3 : 13)

Toises.	piec.	pieds.	pou.
1.		3.	6.
2.	1.	1.	
3.	1.	4.	6.
4.	2.	2.	
5.	2.	5.	6.
6.	3.	3.	
7.	4.	0.	6.
8.	4.	4.	

(3 : 14)

Toises & demie.	piec.	pieds.	pou.	lig.
1.	0.	5.	3.	
2.	1.	2.	9.	
3.	2.	0.	3.	
4.	2.	3.	9.	
5.	3.	1.	3.	
6.	3.	4.	9.	
7.	4.	2.	3.	
8.	4.	5.	9.	

(3 : 14)

	Toises.	piec.	pieds.	pou.
3 : 15	1.		3.	9.
	2.	1.	1.	6.
	3.	1.	5.	3.
	4.	2.	3.	
	5.	3.	0.	9.
	6.	3.	4.	6.
	7.	4.	2.	3.
	8.	5.		
3 : 16	1.	0.	4.	
	2.	1.	2.	
	3.	2.		
	4.	2.	4.	
	5.	3.	2.	
	6.	4.		
	7.	4.	4.	
	8.	5.	2.	
4 : 6	1.			2.
	2.			4.
	3.		1.	
	4.		1.	2.
	5.		1.	4.
	6.		2.	
	7.		2.	2.
	8.		2.	4.
4 : 7	1.	0.	2.	4.
	2.		4.	8.
	3.	1.	1.	
	4.	1.	3.	4.
	5.	1.	5.	8.
	6.	2.	2.	
	7.	2.	4.	4.
	8.	3.	0.	8.

	Toises & demie.	piec.	pieds.	pou.	lig.
3 : 15	1 ½.		5.	7.	6.
	2.	1.	3.	4.	6.
	3.	2.	1.	1.	6.
	4.	2.	4.	10.	6.
	5.	3.	2.	7.	6.
	6.	4.	0.	4.	6.
	7.	4.	4.	1.	6.
	8.	5.	1.	10.	6.
3 : 16	1.	1.			
	2.	1.	4.		
	3.	2.	2.		
	4.	3.			
	5.	3.	4.		
	6.	4.	2.		
	7.	5.			
	8.	5.	4.		
4 : 6	1.		3.		
	2.		5.		
	3.	1.	1.		
	4.	1.	3.		
	5.	1.	5.		
	6.	2.	1.		
	7.	2.	3.		
	8.	2.	5.		
4 : 7	1.		3.	6.	
	2.		5.	10.	
	3.	1.	2.	2.	
	4.	1.	4.	6.	
	5.	2.	0.	10.	
	6.	2.	3.	2.	
	7.	2.	5.	6.	
	8.	3.	1.	10.	

	Toises.	piec.	pieds.	pou.
4 : 8	1.		2.	8.
	2.		5.	4.
	3.	1.	2.	
	4.	1.	4.	8.
	5.	2.	1.	4.
	6.	2.	4.	
	7.	3.	0.	8.
	8.	3.	3.	4.
4 : 9	1.		3.	
	2.	1.		
	3.	1.	3.	
	4.	2.		
	5.	2.	3.	
	6.	3.		
	7.	3.	3.	
	8.	4.		
4 : 10	1.		3.	4.
	2.	1.	0.	8.
	3.	1.	4.	
	4.	2.	1.	4.
	5.	2.	4.	8.
	6.	3.	2.	
	7.	3.	5.	4.
	8.	4.	2.	8.
4 : 11	1.		3.	8.
	2.	1.	1.	4.
	3.	1.	5.	
	4.	2.	2.	8.
	5.	3.	0.	4.
	6.	3.	4.	
	7.	4.	1.	8.
	8.	4.	5.	4.

	Toises & demie.	piec.	pieds.	pou.	lig.
4 : 8	1 ½.		4.		
	2.	1.	0.	8.	
	3.	1.	3.	4.	
	4.	2.			
	5.	2.	2.	8.	
	6.	2.	5.	4.	
	7.	3.	2.		
	8.	3.	4.	8.	
4 : 9	1.		4.	6.	
	2.	1.	1.	6.	
	3.	1.	4.	6.	
	4.	2.	1.	6.	
	5.	2.	4.	6.	
	6.	3.	1.	6.	
	7.	3.	4.	6.	
	8.	4.	1.	6.	
4 : 10	1.		5.		
	2.	1.	2.	4.	
	3.	1.	5.	8.	
	4.	2.	3.		
	5.	3.	0.	4.	
	6.	3.	3.	8.	
	7.	4.	1.		
	8.	4.	4.	4.	
4 : 11	1.		5.	6.	
	2.	1.	3.	2.	
	3.	2.	0.	10.	
	4.	2.	4.	6.	
	5.	3.	2.	2.	
	6.	3.	5.	10.	
	7.	4.	3.	6.	
	8.	5.	1.	2.	

Toises.	piec.	pieds.	pou.
4:12			
1.		4.	
2.	1.	2.	
3.	2.		
4.	2.	4.	
5.	3.	2.	
6.	4.		
7.	4.	4.	
8.	5.	2.	
4:13			
1.		4.	4.
2.	1.	2.	8.
3.	2.	1.	
4.	2.	5.	4.
5.	3.	3.	8.
6.	4.	2.	
7.	5.	0.	4.
8.	5.	4.	8.
4:14			
1.		4.	8.
2.	1.	3.	4.
3.	2.	2.	
4.	3.	0.	4.
5.	3.	5.	8.
6.	4.	4.	
4.	5.	2.	8.
8.	6.	1.	4.
4:15			
1.		5.	
2.	1.	4.	
3.	2.	3.	
4.	3.	2.	
5.	4.	1.	
6.	5.		
7.	5.	5.	
8.	6.	4.	

Toises & demie.	piec.	pieds.	pou.	lig.
4:12				
1½.	1.			
2.	1.	4.		
3.	2.	2.		
4.	3.			
5.	3.	4.		
6.	4.	2.		
7.	5.			
8.	5.	4.		
4:13				
1.	1.	0.	6.	
2.	1.	4.	10.	
3.	2.	3.	2.	
4.	3.	1.	6.	
5.	3.	5.	10.	
6.	4.	4.	2.	
7.	5.	2.	6.	
8.	6.	0.	10.	
4:14				
1.	1.	1.		
2.	1.	5.	8.	
3.	2.	4.	4.	
4.	3.	3.		
5.	4.	1.	8.	
6.	5.	0.	4.	
7.	5.	5.		
8.	6.	3.	8.	
4:15				
1.	1.	1.	6.	
2.	2.	0.	6.	
3.	2.	5.	6.	
4.	3.	4.	6.	
5.	4.	3.	6.	
6.	5.	2.	6.	
7.	6.	1.	6.	
8.	7.	0.	6.	

Toifes.	piec.	pieds.	pou.
5 : 7			
1.		2.	11.
2.		5.	10.
3.	1.	2.	9.
4.	1.	5.	8.
5.	2.	2.	7.
6.	2.	5.	6.
7.	3.	2.	5.
8.	3.	5.	4.
5 : 8			
1.		3.	4.
2.	1.	0.	8.
3.	1.	4.	
4.	2.	1.	4.
5.	2.	4.	8.
6.	3.	2.	
7.	3.	5.	4.
8.	4.	2.	8.
5 : 9			
1.		3.	9.
2.	1.	1.	6.
3.	1.	5.	3.
4.	2.	3.	
5.	3.	0.	9.
6.	3.	4.	6.
7.	4.	2.	3.
8.	5.		
5 : 10			
1.	0.	4.	2.
2.	1.	2.	4.
3.	2.	0.	6.
4.	2.	4.	8.
5.	3.	2.	10.
6.	4.	1.	
7.	4.	5.	2.
8.	5.	3.	4.

Toifes & demie.	piec.	pieds.	pou.	lig.
5 : 7				
1 ½.		4.	4.	6.
2.	1.	1.	3.	6.
3.	1.	4.	2.	6.
4.	2.	1.	1.	6.
5.	2.	4.	0.	6.
6.	3.	0.	11.	6.
7.	3.	3.	10.	6.
8.	4.	0.	9.	6.
5 : 8				
1.		5.		
2.	1.	2.	4.	
3.	1.	5.	8.	
4.	2.	3.		
5.	3.	0.	4.	
6.	3.	3.	8.	
7.	4.	1.		
8.	4.	4.	4.	
5 : 9				
1.		5.	7.	6.
2.	1.	3.	4.	6.
3.	2.	1.	1.	6.
4.	2.	4.	10.	6.
5.	3.	2.	7.	6.
6.	4.	0.	4.	6.
7.	4.	4.	1.	6.
8.	5.	1.	10.	6.
5 : 10				
1.	1.	0.	3.	
2.	1.	4.	5.	
3.	2.	2.	7.	
4.	3.	0.	9.	
5.	3.	4.	11.	
6.	4.	3.	1.	
7.	5.	1.	3.	
8.	5.	5.	5.	

*Toises.	piec.	pieds.	pou.
5 : 11			
1.		4.	7.
2.	1.	3.	2.
3.	2.	1.	9.
4.	3.	0.	4.
5.	3.	4.	11.
6.	4.	3.	6.
7.	5.	2.	1.
8.	6.	0.	8.
5 : 12			
1.		5.	
2.	1.	4.	
3.	2.	3.	
4.	3.	2.	
5.	4.	1.	
6.	5.		
7.	5.	5.	
8.	6.	4.	
5 : 13			
1.		5.	5.
2.	1.	4.	10.
3.	2.	4.	3.
4.	3.	3.	8.
5.	4.	3.	1.
6.	5.	2.	6.
7.	6.	1.	11.
8.	7.	1.	4.
5 : 14			
1.		5.	10.
2.	1.	5.	8.
3.	2.	5.	6.
4.	3.	5.	4.
5.	4.	5.	2.
6.	5.	5.	
7.	6.	4.	10.
8.	7.	4.	8.

Toises & demie.	piec.	pieds.	pou.	lig.
5 : 11				
1½.	1.	0.	10.	6.
2.	1.	5.	5.	6.
3.	2.	4.	0.	6.
4.	3.	2.	7.	6.
5.	4.	1.	2.	6.
6.	4.	5.	9.	6.
7.	5.	4.	4.	6.
8.	6.	2.	11.	6.
5 : 12				
1.	1.	1.	6.	
2.	2.	0.	6.	
3.	2.	5.	6.	
4.	3.	4.	6.	
5.	4.	3.	6.	
6.	5.	2.	6.	
7.	6.	1.	6.	
8.	7.	0.	6.	
5 : 13				
1.	1.	2.	1.	6.
2.	2.	1.	6.	6.
3.	3.	0.	11.	6.
4.	4.	0.	4.	6.
5.	4.	5.	9.	6.
6.	5.	5.	2.	6.
7.	6.	4.	7.	6.
8.	7.	4.	0.	6.
5 : 14				
1.	1.	2.	9.	
2.	2.	2.	7.	
3.	3.	2.	5.	
4.	4.	2.	3.	
5.	5.	2.	1.	
6.	6.	1.	11.	
7.	7.	1.	9.	
8.	8.	1.	7.	

Toises. | piec. | pieds. | pou.

5 : 15

Toises.	piec.	pieds.	pou.
1.	1.	0.	3.
2.	2.	0.	6.
3.	3.	0.	9.
4.	4.	1.	
5.	5.	1.	3.
6.	6.	1.	6.
7.	7.	1.	9.
8.	8.	2.	

5 : 16

Toises.	piec.	pieds.	pou.
1.	1.	0.	8.
2.	2.	1.	4.
3.	3.	2.	
4.	4.	2.	8.
5.	5.	3.	4.
6.	6.	4.	
7.	7.	4.	8.
8.	8.	5.	4.

6 : 8

Toises.	piec.	pieds.	pou.
1.		4.	
2.	1.	2.	
3.	2.		
4.	2.	4.	
5.	3.	2.	
6.	4.		
7.	4.	4.	
8.	5.	2.	

6 : 9

Toises.	piec.	pieds.	pou.
1.		4.	6.
2.	1.	3.	
3.	2.	1.	6.
4.	3.		
5.	3.	4.	6.
6.	4.	3.	
7.	5.	1.	6.
8.	6.		

Toises & demie. | piec. | pieds. | pou. | lig.

5 : 15

Toises & demie.	piec.	pieds.	pou.	lig.
1½.	1.	3.	4.	6.
2.	2.	3.	7.	6.
3.	3.	3.	10.	6.
4.	4.	4.	1.	6.
5.	5.	4.	4.	6.
6.	6.	4.	7.	6.
7.	7.	4.	10.	6.
8.	8.	5.	1.	6.

5 : 16

Toises & demie.	piec.	pieds.	pou.	lig.
1.	1.	4.		
2.	2.	4.	8.	
3.	3.	5.	4.	
4.	5.			
5.	6.	0.	8.	
6.	7.	1.	4.	
7.	8.	2.		
8.	9.	2.	8.	

6 : 8

Toises & demie.	piec.	pieds.	pou.	lig.
1.	1.			
2.	1.	4.		
3.	2.	2.		
4.	3.			
5.	3.	4.		
6.	4.	2.		
7.	5.			
8.	5.	4.		

6 : 9

Toises & demie.	piec.	pieds.	pou.	lig.
1.	1.	0.	9.	
2.	1.	5.	3.	
3.	2.	3.	9.	
4.	3.	2.	3.	
5.	4.	0.	9.	
6.	4.	5.	3.	
7.	5.	3.	9.	
8.	6.	2.	3.	

	Toises.	piec.	pieds.	pou.
6:10	1.		5.	
	2.	1.	4.	
	3.	2.	3.	
	4.	3.	2.	
	5.	4.	1.	
	6.	5.		
	7.	5.	5.	
	8.	6.	4.	
6:11	1.		5.	6.
	2.	1.	5.	
	3.	2.	4.	6.
	4.	3.	4.	
	5.	4.	3.	6.
	6.	5.	3.	
	7.	6.	2.	6.
	8.	7.	2.	
6:12	1.	1.		
	2.	2.		
	3.	3.		
	4.	4.		
	5.	5.		
	6.	6.		
	7.	7.		
	8.	8.		
6:13	1.	1.	0.	6.
	2.	2.	1.	
	3.	3.	1.	6.
	4.	4.	2.	
	5.	5.	2.	6.
	6.	6.	3.	
	7.	7.	3.	6.
	8.	8.	4.	

	Toises & demie.	piec.	pieds.	pou.	lig.
6:10	1 $\frac{1}{2}$.	1.	1.	6.	
	2.	2.	0.	6.	
	3.	2.	5.	6.	
	4.	3.	4.	6.	
	5.	4.	3.	6.	
	6.	5.	2.	6.	
	7.	6.	1.	6.	
	8.	7.	0.	6.	
6:11	1.	1.	2.	3.	
	2.	2.	1.	9.	
	3.	3.	1.	3.	
	4.	4.	0.	9.	
	5.	5.	0.	3.	
	6.	5.	5.	9.	
	7.	6.	5.	3.	
	8.	7.	4.	9.	
6:12	1.	1.	3.		
	2.	2.	3.		
	3.	3.	3.		
	4.	4.	3.		
	5.	5.	3.		
	6.	6.	3.		
	7.	7.	3.		
	8.	8.	3.		
6:13	1.	1.	3.	9.	
	2.	2.	4.	3.	
	3.	3.	4.	9.	
	4.	4.	5.	3.	
	5.	5.	5.	9.	
	6.	7.	0.	3.	
	7.	8.	0.	9.	
	8.	9.	1.	3.	

	Toises.	piec.	pieds.	pou.
6:14	1.	1.	1.	
	2.	2.	2.	
	3.	3.	3.	
	4.	4.	4.	
	5.	5.	5.	
	6.	7.		
	7.	8.	1.	
	8.	9.	2.	
6:15	1.	1.	1.	6.
	2.	2.	3.	
	3.	3.	4.	6.
	4.	5.		
	5.	6.	1.	6.
	6.	7.	3.	
	7.	8.	4.	6.
	8.	10.		
7:9	1.		5.	3.
	2.	1.	4.	6.
	3.	2.	3.	9.
	4.	3.	3.	
	5.	4.	2.	3.
	6.	5.	1.	6.
	7.	6.	0.	9.
	8.	7.		
7:10	1.		5.	10.
	2.	1.	5.	8.
	3.	2.	5.	6.
	4.	3.	5.	4.
	5.	4.	5.	2.
	6.	5.	5.	
	7.	6.	4.	10.
	8.	7.	4.	8.

	Toises & demie.	piec.	pieds.	pou.	lig.
6:14	1½.	1.	4.	6.	
	2.	2.	5.	6.	
	3.	4.	0.	6.	
	4.	5.	1.	6.	
	5.	6.	2.	6.	
	6.	7.	3.	6.	
	7.	8.	4.	6.	
	8.	9.	5.	6.	
6:15	1.	1.	5.	3.	
	2.	3.	0.	9.	
	3.	4.	2.	3.	
	4.	5.	3.	9.	
	5.	6.	5.	3.	
	6.	8.	0.	9.	
	7.	9.	2.	3.	
	8.	10.	3.	9.	
7:9	1.	1.	1.	10.	6.
	2.	2.	1.	1.	6.
	3.	3.	0.	4.	6.
	4.	3.	5.	7.	6.
	5.	4.	4.	10.	6.
	6.	5.	4.	1.	6.
	7.	6.	3.	4.	6.
	8.	7.	2.	7.	6.
7:10	1.	1.	2.	9.	
	2.	2.	2.	7.	
	3.	3.	2.	5.	
	4.	4.	2.	3.	
	5.	5.	2.	1.	
	6.	6.	1.	11.	
	7.	7.	1.	9.	
	8.	8.	1.	7.	

	Toises.	piec.	pieds.	pou.
7 : 11	1.	1.	0.	5.
	2.	2.	0.	10.
	3.	3.	1.	3.
	4.	4.	1.	8.
	5.	5.	2.	1.
	6.	6.	2.	6.
	7.	7.	2.	11.
	8.	8.	3.	4.
7 : 12	1.	1.	1.	
	2.	2.	2.	
	3.	3.	3.	
	4.	4.	4.	
	5.	5.	5.	
	6.	7.		
	7.	8.	1.	
	8.	9.	2.	
7 : 13	1.	1.	1.	7.
	2.	2.	3.	2.
	3.	3.	4.	9.
	4.	5.	0.	4.
	5.	6.	1.	11.
	6.	7.	3.	6.
	7.	8.	5.	1.
	8.	10.	0.	8.
7 : 14	1.	1.	2.	2.
	2.	2.	4.	4.
	3.	4.	0.	6.
	4.	5.	2.	8.
	5.	6.	4.	10.
	6.	8.	1.	
	7.	9.	3.	2.
	8.	10.	5.	4.

	Toises & demie.	piec.	pieds.	pou.	lig.
7 : 11	1 $\frac{1}{2}$.	1.	3.	7.	6.
	2.	2.	4.	0.	6.
	3.	3.	4.	5.	6.
	4.	4.	4.	10.	6.
	5.	5.	5.	3.	6.
	6.	6.	5.	8.	6.
	7.	8.	0.	1.	6.
	8.	9.	0.	6.	6.
7 : 12	1.	1.	4.	6.	
	2.	2.	5.	6.	
	3.	4.	0.	6.	
	4.	5.	1.	6.	
	5.	6.	2.	6.	
	6.	7.	3.	6.	
	7.	8.	4.	6.	
	8.	9.	5.	6.	
7 : 13	1.	1.	5.	4.	6.
	2.	3.	0.	11.	6.
	3.	4.	2.	6.	6.
	4.	5.	4.	1.	6.
	5.	6.	5.	8.	6.
	6.	8.	1.	3.	6.
	7.	9.	2.	10.	6.
	8.	10.	4.	5.	6.
7 : 14	1.	2.	0.	3.	
	2.	3.	2.	5.	
	3.	4.	4.	7.	
	4.	6.	0.	9.	
	5.	7.	2.	11.	
	6.	8.	5.	1.	
	7.	10.	1.	3.	
	8.	11.	3.	5.	

	Toises.	piec.	pieds.	pou.
7 : 15	1.	1.	2.	9.
	2.	2.	5.	6.
	3.	4.	2.	3.
	4.	5.	5.	
	5.	7.	1.	9.
	6.	8.	4.	6.
	7.	10.	1.	3.
	8.	11.	4.	
7 : 16	1.	1.	3.	4.
	2.	3.	0.	8.
	3.	4.	4.	
	4.	6.	1.	4.
	5.	7.	4.	8.
	6.	9.	2.	
	7.	10.	5.	4.
	8.	12.	2.	8.
8 : 10	1.	1.	0.	8.
	2.	2.	1.	4.
	3.	3.	2.	
	4.	4.	2.	8.
	5.	5.	3.	4.
	6.	6.	4.	
	7.	7.	4.	8.
	8.	8.	5.	4.
8 : 11	1.	1.	1.	4.
	2.	2.	2.	8.
	3.	3.	4.	
	4.	4.	5.	4.
	5.	6.	0.	8.
	6.	7.	2.	
	7.	8.	3.	4.
	8.	9.	4.	8.

	Toises & demie.	piec.	pieds.	pou.	lig.
7 : 15	1½.	2.	1.	1.	6.
	2.	3.	3.	10.	6.
	3.	5.	0.	7.	6.
	4.	6.	3.	4.	6.
	5.	8.	0.	1.	6.
	6.	9.	2.	10.	6.
	7.	10.	5.	7.	6.
	8.	12.	2.	4.	6.
7 : 16	1.	2.	2.		
	2.	3.	5.	4.	
	3.	5.	2.	8.	
	4.	7.			
	5.	8.	3.	4.	
	6.	10.	0.	8.	
	7.	11.	4.		
	8.	13.	1.	4.	
8 : 10	1.	1.	4.		
	2.	2.	4.	8.	
	3.	3.	5.	4.	
	4.	5.			
	5.	6.	0.	8.	
	6.	7.	1.	4.	
	7.	8.	2.		
	8.	9.	2.	8.	
8 : 11	1.	1.	5.		
	2.	3.	0.	4.	
	3.	4.	1.	8.	
	4.	5.	3.		
	5.	6.	4.	4.	
	6.	7.	5.	8.	
	7.	9.	1.		
	8.	10.	2.	4.	

Toises.	piec.	pieds.	pou.
8 : 12			
1.	1.	2.	
2.	2.	4.	
3.	4.		
4.	5.	2.	
5.	6.	4.	
6.	8.		
7.	9.	2.	
8.	10.	4.	
8 : 13			
1.	1.	2.	8.
2.	2.	5.	4.
3.	4.	2.	
4.	5.	4.	8.
5.	7.	1.	4.
6.	8.	4.	
7.	10.	0.	8.
8.	11.	3.	4.
8 : 14			
1.	1.	3.	4.
2.	3.	0.	8.
3.	4.	4.	
4.	6.	1.	4.
5.	7.	4.	8.
6.	9.	2.	
7.	10.	5.	4.
8.	12.	2.	8.
8 : 15			
1.	1.	4.	
2.	3.	2.	
3.	5.		
4.	6.	4.	
5.	8.	2.	
6.	10.		
7.	11.	4.	
8.	13.	2.	

Toises & demie.	piec.	pieds.	pou.	lig.
8 : 12				
1 $\frac{1}{2}$.	2.			
2.	3.	2.		
3.	4.	4.		
4.	6.			
5.	7.	2.		
6.	8.	4.		
7.	10.			
8.	11.	2.		
8 : 13				
1.	2.	1.		
2.	3.	3.	8.	
3.	5.	0.	4.	
4.	6.	3.		
5.	7.	5.	8.	
6.	9.	2.	4.	
7.	10.	5.		
8.	11.	1.	8.	
8 : 14				
1.	2.	2.		
2.	3.	5.	4.	
3.	5.	2.	8.	
4.	7.			
5.	8.	3.	4.	
6.	10.	0.	8.	
7.	11.	4.		
8.	13.	1.	4.	
8 : 15				
1.	2.	3.		
2.	4.	1.		
3.	5.	5.		
4.	7.	3.		
5.	9.	1.		
6.	10.	5.		
7.	12.	3.		
8.	14.	1.		

Toises.	piec.	pieds.	pou.		Toises & demie.	piec.	pieds.	pou.	lig.
8 : 16					**8 : 16**				
1.	1.	4.	8.		1½.	2.	4.		
2.	3.	3.	4.		2.	4.	2.	8.	
3.	5.	2.			3.	6.	1.	4.	
4.	7.	0.	8.		4.	8.			
5.	8.	5.	4.		5.	9.	4.	8.	
6.	10.	4.			6.	11.	3.	4.	
7.	12.	2.	8.		7.	13.	2.		
8.	14.	1.	4.		8.	15.	0.	8	
8 : 17					**8 : 17**				
1.	1.	5.	4.		1.	2.	5.		
2.	3.	4.	8.		2.	4.	4.	4.	
3.	5.	4.			3.	6.	3.	8.	
4.	7.	3.	4.		4.	8.	3.		
5.	9.	2.	8.		5.	10.	2.	4.	
6.	11.	2.			6.	12.	1.	8.	
7.	13.	1.	4.		7.	14.	1.		
8.	15.	0.	8.		8.	16.	0.	4.	
9 : 11					**9 : 11**				
1.	1.	2.	3.		1.	2.	0.	4.	6.
2.	2.	4.	6.		2.	3.	2.	7.	6.
3.	4.	0.	9.		3.	4.	4.	10.	6.
4.	5.	3.			4.	6.	1.	1.	6.
5.	6.	5.	3.		5.	7.	3.	4.	6.
6.	8.	1.	6.		6.	8.	5.	7.	6.
7.	9.	3.	9.		7.	10.	1.	10.	6.
8.	11.				8.	11.	4.	1.	6.
9 : 12					**9 : 12**				
1.	1.	3.			1.	2.	1.	6.	
2.	3.				2.	3.	4.	6.	
3.	4.	3.			3.	5.	1.	6.	
4.	6.				4.	6.	4.	6.	
5.	7.	3.			5.	8.	1.	6.	
6.	9.				6.	9.	4.	6.	
7.	10.	3.			7.	11.	1.	6.	
8.	12.				8.	12.	4.	6.	

Toises.	piec.	pieds.	pou.		Toises & demie.	piec.	pieds.	pou.	lig.
9 : 13					**9 : 13**				
1.	1.	3.	9.		1½.	2.	2.	7.	6.
2.	3.	1.	6.		2.	4.	0.	4.	6.
3.	4.	5.	3.		3.	5.	4.	1.	6.
4.	6.	3.			4.	7.	1.	10.	6.
5.	8.	0.	9.		5.	8.	5.	7.	6.
6.	9.	4.	6.		6.	10.	3.	4.	6.
7.	11.	2.	3.		7.	12.	1.	1.	6.
8.	13.				8.	13.	4.	10.	6.
9 : 14					**9 : 14**				
1.	1.	4.	6.		1.	2.	3.	9.	
2.	3.	3.			2.	4.	2.	3.	
3.	5.	1.	6.		3.	6.	0.	9.	
4.	7.				4.	7.	5.	3.	
5.	8.	4.	6.		5.	9.	3.	9.	
6.	10.	3.			6.	11.	2.	3.	
7.	12.	1.	6.		7.	13.	0.	9.	
8.	14.				8.	14.	5.	3.	
9 : 15					**9 : 15**				
1.	1.	5.	3.		1.	2.	4.	10.	6.
2.	3.	4.	6.		2.	4.	4.	1.	6.
3.	5.	3.	9.		3.	6.	3.	4.	6.
4.	7.	3.			4.	8.	2.	7.	6.
5.	9.	2.	3.		5.	10.	1.	10.	6.
6.	11.	1.	6.		6.	12.	1.	1.	6.
7.	13.	0.	9.		7.	14.	0.	4.	6.
8.	15.				8.	15.	5.	7.	6.
9 : 16					**9 : 16**				
1.	2.				1.	3.			
2.	4.				2.	5.			
3.	6.				3.	7.			
4.	8.				4.	9.			
5.	10.				5.	11.			
6.	12.				6.	13.			
7.	14.				7.	15.			
8.	16.				8.	17.			

Des bois ronds ou en grume.

POur faire la reduction des bois ronds ou en grume, il en faut connoître ou le diametre ou la circonference.

Connoissant le diametre, que l'on suppose être de 21 pouces, il faut dire par regle de trois : Si 7 donnent 22, combien 21 pouces ; la regle etant faite, viendra 66 pouces pour la circonference, qui font 5 pieds 6 pouces, parcequ'il faut observer que 12 lignes font un pouce, que 12 pouces font un pied, & que 6 pieds font une toise contenant 72 pouces.

Mais si on ne peut prendre le diametre, la circonference étant connue de 66 pouces, il faudra faire une regle de trois inverse, & dire : Si 22 donnent 7, combien 66 pouces ; la regle étant faite, vous trouverez 21 pouces pour le diametre.

Pour éviter ces calculs, ci-après a été fait une Table des diametres depuis 5 pouces jusqu'à 42 pouces, & à côté de chaque diametre est sa circonference ; comme du diametre 14 pouces, sa circonference est 44 pouces, ou 3 pieds 8 pouces, & sa superficie 154 pouces, ou 2 toises 10 pouces.

Quand on ne pourra connoître que la circonference d'un bois rond, cherchez dans la colonne des circonferences le nombre donné, comme 44 pouces, ou 3 pieds 8 pouces de circonference, vous trouverez à côté 14 pouces pour le diametre, & 2 toises 10 pouces de superficie.

Comme aussi une pièce cinq pouces pour la reduction sur une demi toise de longueur.

Diametres.	Circonferences.				Superficies.				Reduction sur demi-toise.			
Pouc.	Toif.	pieds.	pou.	ligne.	Toif.	pieds.	pou.	lig.	Piec.	pieds.	pou.	lig.
5.		1.	3.	8.		1.	7.	7.			9.	9.
6.		1.	6.	10.		2.	4.	3.		1.	2.	1.
7.		1.	10.			3.	2.	6.		1.	7.	3.
8.		2.	1.	1.		4.	2.	3.		2.	1.	1.
9.		2.	4.	3.		5.	3.	7.		2.	7.	9.
10.		2.	7.	5.	1.	0.	6.	7.		3.	3.	3.
11.		2.	10.	7.	1.	1.	11.	1.		3.	11.	6.
12.		3.	1.	8.	1.	3.	5.	1.		4.	8.	6.
13.		3.	4.	10.	1.	5.	0.	9.		5.	6.	4.
14.		3.	8.		2.	0.	10.		1.	0.	5.	
15.		3.	11.	1.	2.	2.	8.	9.	1.	1.	4.	4.
16.		4.	2.	3.	2.	4.	9.	1.	1.	2.	4.	6.
17.		4.	5.	5.	3.	0.	11.	1.	1.	3.	5.	6.
18.		4.	8.	7.	3.	3.	2.	7.	1.	4.	7.	3.
19.		4.	11.	8.	3.	5.	7.	7.	1.	5.	9.	9.
20.		5.	2.	10.	4.	2.	2.	3.	2.	1.	1.	1.
21.		5.	6.		4.	4.	10.	6.	2.	2.	5.	3.
22.		5.	9.	1.	5.	1.	8.	3.	2.	3.	10.	1.
23.	1.	0.	0.	3.	5.	4.	7.	7.	2.	5.	3.	9.
24.	1.	0.	3.	5.	6.	1.	8.	7.	3.	0.	10.	3.
25.	1.	0.	6.	7.	6.	4.	11.	1.	3.	2.	5.	6.
26.	1.	0.	9.	8.	7.	2.	3.	1.	3.	4.	1.	6.
27.	1.	1.	0.	10.	7.	5.	8.	9.	3.	5.	10.	4.
28.	1.	1.	4.		8.	3.	4.		4.	1.	8.	
29.	1.	1.	7.	1.	9.	1.	0.	9.	4.	3.	6.	4.
30.	1.	1.	10.	3.	9.	4.	11.	1.	4.	5.	5.	6.
31.	1.	2.	1.	5.	10.	2.	11.	1.	5.	1.	5.	6.
32.	1.	2.	4.	7.	11.	1.	0.	7.	5.	3.	6.	3.
33.	1.	2.	7.	8.	11.	5.	3.	7.	5.	5.	7.	9.
34.	1.	2.	10.	10.	12.	3.	8.	3.	6.	1.	10.	1.
35.	1.	3.	2.		13.	2.	2.	6.	6.	4.	1.	3.

Diametres.	Circonferences.				Superficies.				Reduction sur demi-toise.			
Pouc.	Toif.	pieds.	pou.	ligne.	Toif.	pieds.	pou.	lig.	Piec.	pieds.	pou.	lig.
36.	1.	3.	5.	1.	14.	0.	10.	3.	7.	0.	5.	1.
37.	1.	3.	8.	3.	14.	5.	7.	7.	7.	2.	9.	9.
38.	1.	3.	11.	5.	15.	4.	6.	7.	7.	5.	3.	3.
39.	1.	4.	2.	7.	16.	3.	7.	1.	8.	1.	9.	6.
40.	1.	4.	5.	8.	17.	2.	9.	1.	8.	4.	4.	6.
41.	1.	4.	8.	10.	18.	2.	0.	9.	9.	1.	0.	4.
42.	1.	5.			19.	1.	6.		9.	3.	9.	

On a supprimé les fractions dans la Table précedente, & dans celles ci-après, pour ne pas embaraffer ceux qui n'ont pas l'ufage des fractions, & on s'eft fervi des lignes en place defdites fractions.

Comme du diametre 5 fa veritable circonference eft 15 pouces $\frac{5}{7}$, au lieu qu'on a mis un pied 3 pouces 8 lignes ; du diametre 6, fa circonference eft 18 pouces $\frac{6}{7}$, & a été mis un pied 6 pouces 10 lignes ; du diametre 15, fa circonference eft de 47 pouces $\frac{1}{7}$, & fa fuperficie eft 176 pouces $\frac{11}{14}$, & a été mis 3 pieds 11 pouces une ligne pour fa circonference, & 2 toifes 2 pieds 8 pouces 9 lignes pour fa fuperficie ; lefdits bois feront payez à 59 livres le cent de pieces reduites & fournies, comme les bois de Brin.

Ci-après fuit des Tables de reduction, pour fçavoir la quantité des pieces ou pieds qu'il y a dans chaque bois rond ou en grume, qui pour l'ordinaire font des pilotis.

Un bois rond de 14 pouces de diametre, fur une toife de longueur ; cherchez dans la Table de reduction fur une toife à côté du diametre 14, vous trouverez 2 pieces 10 pouces que contient un piloti de cette longueur ; & s'il avoit 6 toifes de longeur, cherchez dans la Table de reduction fur 6 toifes à côté du diametre 14, vous trouverez 12 pieces 5 pieds, & ainfi des autres.

Diametres.	Reduction sur une toise.					Diametres.	Reduction sur une toise & demie.			
Pouces.	pieces.	pieds.	pouces.	lign.		Pouces.	pieces.	pieds.	pouces.	lig.
5.		1.	7.	7.		5.		2.	5.	4.
6.		2.	4.	3.		6.		3.	6.	4.
7.		3.	2.	6.		7.		4.	9.	9.
8.		4.	2.	3.		8.	1.	0.	3.	4.
9.		5.	3.	7.		9.	1.	1.	11.	4.
10.	1.	0.	6.	6.		10.	1.	3.	9.	9.
11.	1.	1.	11.			11.	1.	5.	10.	6.
12.	1.	3.	5.	1.		12.	2.	2.	1.	7.
13.	1.	5.	0.	9.		13.	2.	4.	7.	1.
14.	2.	0.	10.			14.	3.	1.	3.	
15.	2.	2.	8.	9.		15.	3.	4.	1.	1.
16.	2.	4.	9.	1.		16.	4.	1.	1.	7.
17.	3.	0.	11.			17.	4.	4.	4.	6.
18.	3.	3.	2.	6.		18.	5.	1.	9.	9.
19.	3.	5.	7.	7.		19.	5.	5.	5.	4.
20.	4.	2.	2.	3.		20.	6.	3.	3.	4.
21.	4.	4.	10.	6.		21.	7.	1.	3.	9.
22.	5.	1.	8.	3.		22.	7.	5.	6.	4.
23.	5.	4.	7.	7.		23.	8.	3.	11.	4.
24.	6.	1.	8.	6.		24.	9.	2.	6.	9.
25.	6.	4.	11.			25.	10.	1.	4.	6.
26.	7.	2.	3.	1.		26.	11.	0.	4.	7.
27.	7.	5.	8.	9.		27.	11.	5.	7.	1.
28.	8.	3.	4.			28.	12.	5.		
29.	9.	1.	0.	9.		29.	13.	4.	7.	1.
30.	9.	4.	11.	1.		30.	14.	4.	4.	7.
31.	10.	2.	11.			31.	15.	4.	4.	6.
32.	11.	1.	0.	6.		32.	16.	4.	6.	9.
33.	11.	5.	3.	7.		33.	17.	4.	11.	4.
34.	12.	3.	8.	3.		34.	18.	5.	6.	4.
35.	13.	2.	2.	6.		35.	20.	0.	3.	9.

Diametres.	Reduction sur une toise.			
Pouces.	pieces.	pieds.	pouces.	lign.
36.	14.	0.	10.	3.
37.	14.	5.	7.	7.
38.	15.	4.	6.	6.
39.	16.	3.	7.	
40.	17.	2.	9.	1.
41.	18.	2.	0.	9.
42.	19.	1.	6.	

Diametres.	Reduction sur une toise & demie.			
Pouces.	pieces.	pieds.	pouces	lig.
36.	21.	1.	3.	4.
37.	22.	2.	5.	4.
38.	23.	3.	9.	9.
39.	24.	5.	4.	6.
40.	26.	1.	1.	7.
41.	27.	3.	1.	1.
42.	28.	5.	3.	

Diametres.	Reduction sur deux toises.			
Pouces.	pieces	pieds.	pouces.	lign.
5.		3.	3.	2.
6.		4.	8.	6.
7.	1.	0.	5.	
8.	1.	2.	4.	6.
9.	1.	4.	7.	2.
10.	2.	1.	1.	
11.	2.	3.	10.	
12.	3.	0.	10.	2.
13.	3.	4.	1.	6.
14.	4.	1.	8.	
15.	4.	5.	5.	6.
16.	5.	3.	6.	2.
17.	6.	1.	10.	
18.	7.	0.	5.	
19.	7.	5.	3.	2.
20.	8.	4.	4.	6.

Diametres.	Reduction sur 2 toises & demie.			
Pouces.	pieces.	pieds.	pouces	lig.
5.		4.	0.	11.
6.		5.	10.	7.
7.	1.	2.	0.	3.
8.	1.	4.	5.	7.
9.	2.	1.	2.	11.
10.	2.	4.	4.	3.
11.	3.	1.	9.	6.
12.	3.	5.	6.	8.
13.	4.	3.	7.	10.
14.	5.	2.	1.	
15.	6.	0.	9.	10.
16.	6.	5.	10.	8.
17.	7.	5.	3.	6.
18.	8.	5.	0.	3.
19.	9.	5.	0.	11.
20.	10.	5.	5.	7.

Diametres.	Reduction sur deux toises.			
Pouces.	pieces.	pieds.	pouces.	lign.
21.	9.	3.	9.	
22.	10.	3.	4.	6.
23.	11.	3.	3.	2.
24.	12.	3.	5.	
25.	13.	3.	10.	
26.	14.	4.	6.	2.
27.	15.	5.	5.	6.
28.	17.	0.	8.	
29.	18.	2.	1.	6.
30.	19.	3.	10.	2.
31.	20.	5.	10.	
32.	22.	2.	1.	
33.	23.	4.	7.	2.
34.	25.	1.	4.	6.
35.	26.	4.	5.	
36.	28.	1.	8.	6.
37.	29.	5.	3.	2.
38.	31.	3.	1.	
39.	33.	1.	2.	
40.	34.	5.	6.	2.
41.	36.	4.	1.	6.
42.	38.	3.		

Diametres.	Reduction sur 2 toises & demie.			
Pouces.	pieces.	pieds.	pouces.	lig.
21.	12.	0.	2.	3.
22.	13.	1.	2.	7.
23.	14.	2.	6.	11.
24.	15.	4.	3.	3.
25.	17.	0.	3.	6.
26.	18.	2.	7.	8.
27.	19.	5.	3.	10.
28.	21.	2.	4.	
29.	22.	5.	7.	10.
30.	24.	3.	3.	8.
31.	26.	1.	3.	6.
32.	27.	5.	7.	3.
33.	29.	4.	2.	11.
34.	31.	3.	2.	7.
35.	33.	2.	6.	3.
36.	35.	2.	1.	7.
37.	37.	2.	0.	11.
38.	39.	2.	4.	3.
39.	41.	2.	11.	6.
40.	43.	3.	10.	8.
41.	45.	5.	1.	10.
42.	48.	0.	9.	

Diametres. Pouces.	Reduction sur trois toises.			
	pieces.	pieds.	pouces.	lign.
5.		4.	10.	9.
6.	1.	1.	0.	9.
7.	1.	3.	7.	6.
8.	2.	0.	6.	9.
9.	2.	3.	10.	9.
10.	3.	1.	7.	6.
11.	3.	5.	9.	
12.	4.	4.	3.	3.
13.	5.	3.	2.	3.
14.	6.	2.	6.	
15.	7.	2.	2.	3.
16.	8.	2.	3.	3.
17.	9.	2.	9.	
18.	10.	3.	7.	6.
19.	11.	4.	10.	6.
20.	13.	0.	6.	9.
21.	14.	2.	7.	6.
22.	15.	5.	0.	9.
23.	17.	1.	10.	9.
24.	18.	5.	1.	6.
25.	20.	2.	9.	
26.	22.	0.	9.	3.
27.	23.	5.	2.	3.
28.	25.	4.		
29.	27.	3.	2.	3.
30.	29.	2.	9.	3.
31.	31.	2.	9.	
32.	33.	3.	1.	6.
33.	35.	3.	10.	9.
34.	37.	5.	0.	9.
35.	40.	0.	7.	6.

Diametres. Pouces.	Reduction sur 3 toises & demie.			
	pieces.	pieds.	pouces.	lig.
5.		5.	8.	6.
6.	1.	2.	2.	10.
7.	1.	5.	2.	9.
8.	2.	2.	7.	10.
9.	3.	0.	6.	6.
10.	3.	4.	10.	9.
11.	4.	3.	8.	6.
12.	5.	2.	11.	9.
13.	6.	2.	8.	7.
14.	7.	2.	11.	
15.	8.	3.	6.	7.
16.	9.	4.	7.	9.
17.	11.	0.	2.	6.
18.	12.	2.	2.	9.
19.	13.	4.	8.	6.
20.	15.	1.	7.	10.
21.	16.	5.	0.	9.
22.	18.	2.	10.	10.
23.	20.	1.	2.	6.
24.	21.	5.	11.	9.
25.	23.	5.	2.	6.
26.	25.	4.	10.	9.
27.	27.	5.	0.	7.
28.	29.	5.	8.	
29.	32.	0.	8.	7.
30.	34.	2.	2.	9.
31.	36.	4.	2.	6.
32.	39.	0.	7.	9.
33.	41.	3.	6.	6.
34.	44.	0.	10.	10.
35.	46.	4.	8.	9.

Diametres. | Reduction sur trois toises.

Pouces.	pieces.	pieds.	pouces.	lign.
36.	42.	2.	6.	9.
37.	44.	4.	10.	9.
38.	47.	1.	7.	6.
39.	49.	4.	9.	
40.	52.	2.	3.	3.
41.	55.	0.	2.	3.
42.	57.	4.	6.	

Diametres. | Reduction sur 3 toises & demie.

Pouces.	pieces.	pieds.	pouces.	lig.
36.	49.	2.	11.	10.
37.	52.	1.	8.	6.
38.	55.	0.	10.	9.
39.	58.	0.	6.	6.
40.	61.	0.	7.	9.
41.	64.	1.	2.	7.
42.	67.	2.	3.	

Diametres. | Reduction sur quatre toises.

Pouces.	pieces.	pieds.	pouces.	lign.
5.	1.	0.	6.	4.
6.	1.	3.	5.	
7.	2.	0.	10.	
8.	2.	4.	9.	
9.	3.	3.	2.	4.
10.	4.	2.	2.	
11.	5.	1.	8.	
12.	6.	1.	8.	4.
13.	7.	2.	3.	
14.	8.	3.	4.	
15.	9.	4.	11.	
16.	11.	1.	0.	4.
17.	12.	3.	8.	
18.	14.	0.	10.	
19.	15.	4.	6.	4.
20.	17.	2.	9.	

Diametres. | Reduction sur 4 toises & demie.

Pouces.	pieces.	pieds.	pouces.	lig.
5.	1.	1.	4.	1.
6.	1.	4.	7.	1.
7.	2.	2.	5.	6.
8.	3.	0.	10.	1.
9.	3.	5.	10.	1.
10.	4.	5.	5.	3.
11.	5.	5.	7.	6.
12.	7.	0.	4.	10.
13.	8.	1.	9.	4.
14.	9.	3.	9.	
15.	11.	0.	3.	4.
16.	12.	3.	4.	10.
17.	14.	1.	1.	6.
18.	15.	5.	5.	3.
19.	17.	4.	4.	1.
20.	19.	3.	10.	1.

Diametres. Pouces.	Reduction sur quatre toises.			
	pieces.	pieds.	pouces.	lign.
21.	19.	1.	6.	
22.	21.	0.	9.	
23.	23.	0.	6.	4.
24.	25.	0.	10.	
25.	27.	1.	8.	
26.	29.	3.	0.	4.
27.	31.	4.	11.	
28.	34.	1.	4.	
29.	36.	4.	3.	
30.	39.	1.	8.	4.
31.	41.	5.	8.	
32.	44.	4.	2.	
33.	47.	3.	2.	4.
34.	50.	2.	9.	
35.	53.	2.	10.	
36.	56.	3.	5.	
37.	59.	4.	6.	4.
38.	63.	0.	2.	
39.	66.	2.	4.	
40.	69.	5.	0.	4.
41.	73.	2.	3.	
42.	77.			

Diametres. Pouces.	Reduction sur 4 toises & demie.			
	pieces.	pieds.	pouces.	lig.
21.	21.	3.	11.	6.
22.	23.	4.	7.	1.
23.	25.	5.	10.	1.
24.	28.	1.	8.	3.
25.	30.	4.	1.	6.
26.	33.	1.	1.	10.
27.	35.	4.	9.	4.
28.	38.	3.		
29.	41.	1.	9.	4.
30.	44.	1.	1.	10.
31.	47.	1.	1.	6.
32.	50.	1.	8.	3.
33.	53.	2.	10.	1.
34.	56.	4.	7.	1.
35.	60.	0.	11.	3.
36.	63.	3.	10.	1.
37.	67.	1.	4.	1.
38.	70.	5.	5.	3.
39.	74.	4.	1.	6.
40.	78.	3.	4.	10.
41.	82.	3.	3.	4.
42.	86.	3.	9.	

Diametres. Pouces.	Reduction sur cinq toises.			
	pieces.	pieds.	pouces.	lign.
5.	1.	2.	1.	11.
6.	1.	5.	9.	3.
7.	2.	4.	0.	6.
8.	3.	2.	11.	3.
9.	4.	2.	5.	11.
10.	5.	2.	8.	6.

Diametres. Pouces.	Reduction sur 5 toises & demie.			
	pieces.	pieds.	pouces	lig.
5.	1.	2.	11.	8.
6.	2.	0.	11.	4.
7.	2.	5.	7.	9.
8.	3.	5.	0.	4.
9.	4.	5.	1.	8.
10.	5.	5.	11.	9.

Diametres.	Reduction sur cinq toises.				Diametres.	Reduction sur 5 toises & demie.			
Pouces.	pieces.	pieds.	pouces.	lign.	Pouces.	pieces.	pieds.	pouces.	lig.
11.	6.	3.	7.		11.	7.	1.	6.	6.
12.	7.	5.	1.	5.	12.	8.	3.	9.	11.
13.	9.	1.	3.	9.	13.	10.	0.	10.	1.
14.	10.	4.	2.		14.	11.	4.	7.	
15.	12.	1.	7.	9.	15.	13.	3.	0.	1.
16.	13.	5.	9.	5.	16.	15.	2.	1.	11.
17.	15.	4.	7.		17.	17.	2.	0.	6.
18.	17.	4.	0.	6.	18.	19.	2.	7.	9.
19.	19.	4.	1.	11.	19.	21.	3.	11.	8.
20.	21.	4.	11.	3.	20.	24.	0.	0.	4.
21.	24.	0.	4.	6.	21.	26.	2.	9.	9.
22.	26.	2.	5.	3.	22.	29.	0.	3.	4.
23.	28.	5.	1.	11.	23.	31.	4.	5.	8.
24.	31.	2.	6.	6.	24.	34.	3.	4.	9.
25.	34.	0.	7.		25.	37.	3.	0.	6.
26.	36.	5.	3.	5.	26.	40.	3.	4.	11.
27.	39.	4.	7.	9.	27.	43.	4.	6.	1.
28.	42.	4.	8.		28.	47.	0.	4.	
29.	45.	5.	3.	9.	29.	50.	2.	10.	1.
30.	49.	0.	7.	5.	30.	54.	0.	0.	11.
31.	52.	2.	7.		31.	57.	4.	0.	6.
32.	55.	5.	2.	6.	32.	61.	2.	8.	9.
33.	59.	2.	5.	11.	33.	65.	2.	1.	8.
34.	63.	0.	5.	3.	34.	69.	2.	3.	4.
35.	66.	5.	0.	6.	35.	73.	3.	1.	9.
36.	70.	4.	3.	3.	36.	77.	4.	8.	4.
37.	74.	4.	1.	11.	37.	82.	0.	11.	8.
38.	78.	4.	8.	6.	38.	86.	3.	11.	9.
39.	82.	5.	11.		39.	91.	1.	8.	6.
40.	87.	1.	9.	5.	40.	96.	0.	1.	11.
41.	91.	4.	3.	9.	41.	100.	5.	4.	1.
42.	96.	1.	6.		42.	105.	5.	3.	

Reduction sur six toises.

Diametres. Pouces.	pieces.	pieds.	pouces.	lign.
5.	1.	3.	9.	6.
6.	2.	2.	1.	6.
7.	3.	1.	3.	
8.	4.	1.	1.	6.
9.	5.	1.	9.	6.
10.	6.	3.	3.	
11.	7.	5.	6.	
12.	9.	2.	6.	6.
13.	11.	0.	4.	6.
14.	12.	5.		
15.	14.	4.	4.	6.
16.	16.	4.	6.	6.
17.	18.	5.	6.	
18.	21.	1.	3.	
19.	23.	3.	9.	6.
20.	26.	1.	1.	6.
21.	28.	5.	3.	
22.	31.	4.	1.	6.
23.	34.	3.	9.	6.
24.	37.	4.	3.	
25.	40.	5.	6.	
26.	44.	1.	6.	6.
27.	47.	4.	4.	6.
28.	51.	2.		
29.	55.	0.	4.	6.
30.	58.	5.	6.	6.
31.	62.	5.	6.	
32.	67.	0.	3.	
33.	71.	1.	9.	6.
34.	75.	4.	1.	6.
35.	80.	1.	3.	

Reduction sur 6 toises & demie.

Diametres. Pouces.	pieces.	pieds.	pouces.	lig.
5.	1.	4.	7.	3.
6.	2.	3.	3.	7.
7.	3.	2.	10.	3.
8.	4.	3.	2.	7.
9.	5.	4.	5.	3.
10.	7.	0.	6.	3.
11.	8.	3.	5.	6.
12.	10.	1.	3.	
13.	11.	5.	10.	10.
14.	13.	5.	5.	
15.	15.	5.	8.	10.
16.	18.	0.	11.	
17.	20.	2.	11.	6.
18.	22.	5.	10.	3.
19.	25.	3.	7.	3.
20.	28.	2.	2.	7.
21.	31.	1.	8.	3.
22.	34.	1.	11.	7.
23.	37.	3.	1.	3.
24.	40.	5.	1.	3.
25.	44.	1.	11.	6.
26.	47.	5.	8.	
27.	51.	4.	2.	10.
28.	55.	3.	8.	
29.	59.	3.	10.	10.
30.	63.	5.		
31.	68.	0.	11.	6.
32.	72.	3.	9.	3.
33.	77.	1.	5.	3.
34.	81.	5.	11.	7.
35.	86.	5.	4.	3.

Diametres. Pouces.	Reduction sur six toises. pieces.	pieds.	pouces.	lign.
36.	84.	5.	1.	6.
37.	89.	3.	9.	6.
38.	94.	3.	3.	
39.	99.	3.	6.	
40.	104.	4.	6.	6.
41.	110.	0.	4.	6.
42.	115.	3.		

Diametres. Pouces.	Reduction sur 6 toises & demie. pieces.	pieds.	pouces	lig.
36.	91.	5.	6.	7.
37.	97.	0.	7.	3.
38.	102.	2.	6.	3.
39.	107.	5.	3.	6.
40.	113.	2.	11.	
41.	119.	1.	4.	10.
42.	125.	0.	9.	

Diametres. Pouces.	Reduction sur sept toises. pieces.	pieds.	pouces.	lign.
5.	1.	5.	5.	1.
6.	2.	4.	5.	9.
7.	3.	4.	5.	6.
8.	4.	5.	3.	9.
9.	6.	1.	1.	1.
10.	7.	3.	9.	6.
11.	9.	1.	5.	
12.	10.	5.	11.	7.
13.	12.	5.	5.	3.
14.	14.	5.	10.	
15.	17.	1.	1.	3.
16.	19.	3.	3.	7.
17.	22.	0.	5.	
18.	24.	4.	5.	6.
19.	27.	3.	5.	1.
20.	30.	3.	3.	9.
21.	33.	4.	1.	6.
22.	36.	5.	9.	9.
23.	40.	2.	5.	1.
24.	43.	5.	11.	6.
25.	47.	4.	5.	

Diametres. Pouces.	Reduction sur 7 toises & demie. pieces.	pieds.	pouces.	lig.
5.	2.	0.	2.	10.
6.	2.	5.	7.	10.
7.	4.	0.	0.	9.
8.	5.	1.	4.	10.
9.	6.	3.	8.	10.
10.	8.	1.	0.	9.
11.	9.	5.	4.	6.
12.	11.	4.	8.	1.
13.	13.	4.	11.	7.
14.	16.	0.	3.	
15.	18.	2.	5.	7.
16.	20.	5.	8.	1.
17.	23.	3.	10.	6.
18.	26.	3.	0.	9.
19.	29.	3.	2.	10.
20.	32.	4.	4.	10.
21.	36.	0.	6.	9.
22.	39.	3.	7.	10.
23.	43.	1.	8.	10.
24.	47.	0.	9.	9.
25.	51.	0.	10.	6.

Diametres.	Reduction sur sept toises.			
Pouces.	pieces.	pieds.	pouces.	lign.
26.	51.	3.	9.	7.
27.	55.	4.	1.	3.
28.	59.	5.	4.	
29.	64.	1.	5.	3.
30.	68.	4.	5.	7.
31.	73.	2.	5.	
32.	78.	1.	3.	6.
33.	83.	1.	1.	1.
34.	88.	1.	9.	9.
35.	93.	3.	5.	6.
36.	98.	5.	11.	9.
37.	104.	3.	5.	1.
38.	110.	1.	9.	6.
39.	116.	1.	1.	
40.	122.	1.	3.	7.
41.	128.	2.	5.	3.
42.	134.	4.	6.	

Diametres.	Reduction sur 7 toises & demie.			
Pouces.	pieces.	pieds.	pouces.	lig.
26.	55.	1.	11.	1.
27.	59.	3.	11.	7.
28.	64.	1.		
29.	68.	4.	11.	7.
30.	73.	3.	11.	1.
31.	78.	3.	10.	6.
32.	83.	4.	9.	9.
33.	89.	0.	8.	10.
34.	94.	3.	7.	10.
35.	100.	1.	6.	9.
36.	106.	0.	4.	10.
37.	112.	0.	2.	10.
38.	118.	1.	0.	9.
39.	124.	2.	10.	6.
40.	130.	5.	8.	1.
41.	137.	3.	5.	7.
42.	144.	2.	3.	

Du Tarif des nouveaux Droits de la levée des 15 sols par voye de bois.

LE Tarif des Officiers Contrôleurs des bois quarrez differe de beaucoup du *Tarif nouveau de la levée de 15 fo's par chaque voye de bois.*

Le cent de pieces, reduites & fournies de bois de charpente, est de 110 pieces dans le Tarif des Officiers Contrôleurs des bois quarrez ; & *dans le nouveau Tarif de la levée de 15 sols par voye*, il est seulement de 104 : ce qui fait une difference de 6 pieces par cent, parcequ'une voye y eſt fixée à 13 pieces, & que les 8 voyes ne font que 104 pieces au lieu des 110 de l'autre Tarif ; de ſorte que les 8 voyes font 104 pieces, à 15 ſols, valent 6 livres, & les 6 pieces valent 6 ſols 11 den. le total monte à *6 liv. 6 ſols 11 den.* pour 110 pieces de charpente ; & pour ſçavoir le prix du cent de pieces reduites & fournies, il faut ajouter les ſommes enſemble.

Le Droit des Officiers Contrôleurs pour un cent de pieces, reduites & fournies de bois de Brin,
eſt de   59 liv. 0 ſols 0 den.

Le premier dixiéme eſt de	5 liv. 18 ſols 0 den.
Le ſecond dixiéme eſt de	6 liv. 9 ſols 10 den.
Le ſol pour livre eſt de	2 liv. 19 ſols 0 den.
Nouveau Droit des 15 ſols par voye,	6 liv. 6 ſols 11 den.

                        Total,   80 liv. 13 ſols 9 den.

Ayant trouvé le prix du cent de pieces reduites & fournies de bois de Brin, montant à 80 liv. 13 ſols 9 den. comme ci-devant ; pour ſçavoir le prix d'une piece, il faut prendre le quart de 80 liv. 13 ſols 9 den. viendra 20 liv. 3 ſols 5 den. pour la valeur de 25 pieces, puis prendre le cinquiéme de 20 liv. 3 ſols 5 den. viendra 4 liv. 0 ſols 8 den. pour 5 pieces ; il faut prendre enſuite le cinquiéme de 4 livres 0 ſols 8 den. vous trouverez 16 ſols 1 den. $\frac{3}{5}$ pour une piece ; ou bien 16 ſols 2 den. pour éviter les fractions du denier ; ce qui ſera obſervé dans la ſuite.

Le Droit du cent de ſolives, reduites & fournies, eſt de   54 liv. 0 ſols 0 den.

Premier dixiéme,	5 liv. 8 ſols 0 den.
Second dixiéme,	5 liv. 18 ſols 10 den.
Sol pour livre,	2 liv. 14 ſols 0 den.
Le Droit des 15 ſols par voye,	6 liv. 6 ſols 11 den.

                        Total,   74 liv. 7 ſols 9 den.

Il faut prendre le dixiéme, ou la dixiéme partie de 74 liv.

III

7 fols 9 den. viendra 7 liv. 8 fols 9 den. pour la valeur de 10 pieces, & prendre derechef le dixiéme de 7 liv. 8 fols 9 den. vous trouverez 14 fols 11 den. pour la valeur d'une piece, parceque 10 fois 10 font 100.

Le Droit de cent pieces, reduites & fournies de poteaux, de membrures & de chevrons, eſt de   38 liv. 0 fols 0 den.

Premier dixiéme,	3 liv. 16 fols 0 den.
Second dixiéme,	4 liv. 3 fols 7 den.
Sol pour livre,	1 liv. 18 fols 0 den.
Le Droit des 15 fols par voye,	6 liv. 6 fols 11 den.
TOTAL,	54 liv. 4 fols 6 den.

Il faut prendre le cinquiéme de cette ſomme, viendra 10 livres 16 fols 11 den. pour la valeur de 20 pieces; puis il faut prendre le quart de 10 liv. 16 fols 11 den. viendra 2 liv. 14 fols 3 den. pour 5 pieces; enſuite prendre le cinquiéme de 2 liv. 14 fols 3 den. vous trouverez 10 fols 10 den. pour la valeur d'une piece.

On peut voir par les trois manieres ci-deſſus, qu'il eſt facile de tirer le centiéme d'une ſomme de pluſieurs façons, quand on ſçait ſe ſervir des parties aliquotes.

Pour une voye de planches cheſne, contenant 70 toiſes, ſera payé 15 fols ſuivant le nouveau Tarif: il faut 40 toiſes de ſupplément pour faire 110 toiſes; les 70 toiſes valent 15 fols, les 40 toiſes valent 8 fols 7 den. le total monte à 23 *fo's 7 den. pour le Droit des 15 fols par voye* pour 110 toiſes.

Le Droit de 100 toiſes, reduites & fournies de planches cheſne de 12 pieds, eſt de   13 liv. 0 fols 0 den.

Premier dixiéme,	1 liv. 6 fols 0 den.
Second dixiéme,	1 liv. 8 fols 7 den.
Sol pour livre,	0 liv. 13 fols 0 den.
Le Droit des 15 fols par voye,	1 liv. 3 fols 7 den.
TOTAL,	17 liv. 11 fols 2 den.

Le dixiéme de cette ſomme eſt une livre 15 fols 1 den. pour 10 toiſes, donc le dixiéme de cette derniere ſomme eſt 3 fols 6 den. pour une toiſe.

Le Droit de cent toiſes , reduites & fournies de plan-
ches cheſne de 9 pieds , eſt de 11 liv. 0 ſols 0 den.
  Premier dixiéme, 1 liv. 2 ſols 0 den.
  Second dixiéme, 1 liv. 4 ſols 2 den.
  Sol pour livre, 0 liv. 11 ſols 0 den.
  Le Droit des 15 ſols par voye , 1 liv. 3 ſols 7 den.

TOTAL,   15 liv. 0 ſols 9 den.

Le dixiéme eſt une livre 10 ſols 1 den. pour 10 toiſes,
donc le dixiéme eſt 3 ſols pour une toiſe.

Le Droit de cent toiſes , reduites & fournies de plan-
ches cheſne de 6 pieds , eſt de 6 liv. 10 ſols 0 den.
  Premier dixiéme , 0 liv. 13 ſols 0 den.
  Second dixiéme , 0 liv. 14 ſols 4 den.
  Sol pour livre , 0 liv. 6 ſols 6 den.
  Le Droit des 15 ſols par voye , 1 liv. 3 ſols 7 den.

TOTAL,   9 liv. 7 ſols 5 den.

Le dixiéme eſt 18 ſols 9 den. pour 10 toiſes, donc le
dixiéme eſt un ſol 11 den. pour une toiſe.

Pour une voye de bois jaune non flotté contenant 104 *toiſes,
ſera payé* 15 *ſols* ; il faut 6 toiſes de ſupplément pour faire
110 toiſes, leſquelles 6 toiſes valent 11 deniers, que vous
joindrez avec 15 ſols pour 104 toiſes ; le total montera à
15 *ſols* 11 *den. pour le Droit des* 15 *ſols par voye.*

Le Droit de cent toiſes , reduites & fournies de plan-
ches cheſne de 12 pieds , bois non flotté ,
eſt de 13 liv. 0 ſols 0 den.
  Premier dixiéme , 1 liv. 6 ſols 0 den.
  Second dixiéme , 1 liv. 8 ſols 7 den.
  Sol pour livre , 0 liv. 13 ſols 0 den.
  Le Droit des 15 ſols par voye , 0 liv. 15 ſols 11 den.

TOTAL,   17 liv. 3 ſols 6 den.

Le dixiéme eſt une livre 14 ſols 4 den. pour 10 toiſes ;
donc le dixiéme eſt 3 ſols 5 den. pour une toiſe.

Le Droit de cent toifes, reduites & fournies de planches chefne de 9 pieds, bois non flotté; comme auffi noyer, poirier & autres, eft de .... 11 liv. 0 fols 0 den.
   Premier dixiéme, ... 1 liv. 2 fols 0 den.
   Second dixiéme, ... 1 liv. 4 fols 2 den.
   Sol pour livre, ... 0 liv. 11 fols 0 den.
   Le Droit des 15 fols par voye, ... 0 liv. 15 fols 11 den.

TOTAL,   14 liv. 13 fols 1 den.

Le dixiéme eft une livre 9 fols 4 den. pour dix toifes; donc le dixiéme eft 2 fols 11 den. pour une toife.

Le Droit de cent toifes, reduites & fournies de planches chefne de 6 pieds, bois non flotté, eft de .... 6 liv. 10 fols 0 den.
   Premier dixiéme, ... 0 liv. 13 fols 0 den.
   Second dixiéme, ... 0 liv. 14 fols 4 den.
   Sol pour livre, ... 0 liv. 6 fols 6 den.
   Le Droit des 15 fols par voye, ... 0 liv. 15 fols 11 den.

TOTAL,   8 liv. 19 fols 9 den.

Le dixiéme eft 18 fols pour dix toifes; donc le dixiéme eft un fol 10 den. pour une toife.

Dans le Tarif des Officiers Contrôleurs des bois quarrez, les doffes chefne & entrevoux font reduits à cent toifes fans fourniture, & font comptez à trois toifes pour deux; c'eft à dire que la toife eft de 9 pieds, & que les cent toifes font 150 toifes de 6 pieds, dont il n'eft point fait mention *dans le nouveau Tarif des 15 fols par voye.*

Pour une voye contenant vingt tables de noyer fera payé 15 fols, il faut cinq voyes & quatre tables pour faire 104 toifes, qui font 3 *liv.* 18 *fols pour le Droit des 15 fols par voye.*

Le Droit de cent toifes, reduites & fournies de tables de noyer, eft de .... 24 liv. 0 fols 0 den.
   Premier dixiéme, ... 2 liv. 8 fols 0 den.
   Second dixiéme, ... 2 liv. 12 fols 10 den

Sol pour livre ,   1 liv. 4 fols 0 den.
Le Droit des 15 fols par voye ,   3 liv. 18 fols 0 den.

TOTAL ,   34 liv. 2 fols 10 den.

Le dixiéme eft 3 liv. 8 fols 3 den. pour dix toifes ; donc le dixiéme eft 3 fols 10 den. pour une toife.

Pour une voye d'eftaux hêtre , contenant dix toifes , fera payé 15 fols ; il faut dix voyes & quatre toifes pour faire 104 toifes d'eftaux hêtre, qui valent 7 *liv.* 16 *fols pour le Droit des 15 fols par voye.*

Le Droit de cent toifes , reduites & fournies d'eftaux hêtre , eft de   69 liv. 0 fols 0 den.
  Premier dixiéme ,   6 liv. 18 fols 0 den.
  Second dixiéme ,   7 liv. 11 fols 10 den.
  Sol pour livre ,   3 liv. 9 fols 0 den.
  Le Droit des 15 fols par voye ,   7 liv. 16 fols 0 den.

TOTAL ,   94 liv. 14 fols 10 den.

Le dixiéme eft 9 liv. 9 fols 6 den. pour dix toifes ; donc le dixiéme eft 18 fols 11 den. pour une toife.

Pour une voye de goutieres , contenant 52 toifes , fera payé 15 fols ; les deux voyes font 104 toifes ; dans le Tarif des bois quarrez , les goutieres n'ont point de fourniture , de forte que les cent toifes reviennent à 28 *fols 10 den. pour le Droit des 15 fols par voye.*

Le Droit de cent toifes reduites de goutieres , eft de   30 liv. 0 fols 0 den.
  Premier dixiéme ,   3 liv. 0 fols 0 den.
  Second dixiéme ,   3 liv. 6 fols 0 den.
  Sol pour livre ,   1 liv. 10 fols 0 den.
  Le Droit des 15 fols par voye ,   1 liv. 8 fols 10 den.

TOTAL ,   39 liv. 4 fols 10 den.

Le dixiéme eft 3 liv. 18 fols 6 den. pour dix toifes ; donc le dixiéme eft 7 fols 10 den. pour une toife.

Pour une voye de lattes à ardoise, contenant 52 bottes, sera payé 15 *sols*, qui est le même nombre ci-dessus.

Le Droit de cent bottes de lattes à ardoise,
eft de   8 liv. 15 fols 0 den.

Premier dixiéme,	0 liv. 17 fols 6 den.
Second dixiéme,	0 liv. 19 fols 3 den.
Sol pour livre,	0 liv. 8 fols 9 den.
Le Droit des 15 *fols par voye,*	1 liv. 8 fols 10 den.
Total,	12 liv. 9 fols 4 den.

Le dixiéme eft une livre 4 fols 11 den. pour dix bottes ; donc le dixiéme eft 2 fols 6 den. pour une botte.

Pour une voye de lattes quarrées, contenant 104 *bottes, sera payé* 15 *fols :* Dans le Tarif des bois quarrez, elles font feulement d'un cent, qui revient à 14 *fols* 5 *den. pour le Droit des* 15 *fols par voye.*

Le Droit de cent bottes de lattes quarrées,
eft de   8 liv. 7 fols 6 den.

Premier dixiéme,	0 liv. 16 fols 9 den.
Second dixiéme,	0 liv. 18 fols 5 den.
Sol pour livre,	0 liv. 8 fols 5 den.
Le Droit des 15 *fols par voye,*	0 liv. 14 fols 5 den.
Total,	11 liv. 5 fols 6 den.

Le dixiéme eft une livre 2 fols 7 den. pour dix bottes ; donc le dixiéme eft 2 fols 3 den. pour une botte.

Pour une voye de bois hêtre, & de tous bois blancs, contenant 104 *toises, sera payé* 15 *fols :* Il faut un fupplément de fix toifes pour faire 110 toifes, qui vaut 11 deniers, que vous joindrez avec 15 fols, le total montera à 15 *fols* 11 *den. pour le Droit des* 15 *fols par voye.*

Le Droit de cent toifes, reduites & fournies d'hêtre & bois blanc, eft de   7 liv. 10 fols 0 den.

Premier dixiéme,	0 liv. 15 fols 0 den.
Second dixiéme,	0 liv. 16 fols 6 den.

Sol pour livre,	o liv. 6 ſols 6 den.
Le Droit des 15 ſols par voye,	o liv. 15 ſols 11 den.
TOTAL,	10 liv. 4 ſols 11 den.

Le dixiéme eſt une livre o ſols 6 den. pour dix toiſes ; donc le dixiéme eſt 2 ſols 1 den. pour une toiſe.

Pour une voye de ſapin, contenant 78 planches de 12 pieds, ou 104 planches de 9 à 10 pieds, ſera payé 15 ſols ; les 78 planches de 12 pieds font un cent & demi de toiſes de 6 pieds fourni des 4 au cent, de même que les 104 planches de 9 pieds, qui valent 10 ſols pour le Droit des 15 ſols par voye pour 104 toiſes : Il faut un ſupplément de ſix toiſes pour faire 110 toiſes, qui vaut 7 den. que vous joindrez avec 10 ſols, font 10 *ſols 7 den. pour le Droit des 15 ſols par voye pour 110 toiſes.*

Le Droit de cent toiſes, réduites & fournies de planches ſapin, eſt de	7 liv. 10 ſols o den.
Premier dixiéme,	o liv. 15 ſols o den.
Second dixiéme,	o liv. 16 ſols 6 den.
Sol pour livre	o liv. 7 ſols 6 den.
Le Droit des 15 ſols par voye,	o liv. 10 ſols 7 den.
TOTAL,	9 liv. 19 ſols 7 den.

Le dixiéme eſt 20 ſols pour 10 toiſes ; donc le dixiéme eſt 2 ſols pour une toiſe.

Pour une voye de ſapin contenant 208 planches de 6 à 8 pieds, ſera payé 15 ſols ; il faut réduire ces planches à 7 pieds l'une dans l'autre, qui feront 242 toiſes $\frac{2}{3}$, reduites en toiſes de 6 pieds pour 15 ſols : de ſorte que pour 110 toiſes ce ſera 6 *ſols 10 den. pour le Droit des 15 ſols par voye.*

Le Droit de cent toiſes, reduites & fournies de planches ſapin, eſt de	7 liv. 10 ſols o den.
Premier dixiéme,	o liv. 15 ſols o den.
Second dixiéme,	o liv. 16 ſols 6 den.

Sol pour livre,	o liv. 7 fols 6 den.
Le Droit des 15 fols par voye,	o liv. 6 fols 10 den.
TOTAL,	9 liv. 15 fols 10 den.

Le dixiéme eft 19 fols 7 den. pour 10 toifes ; donc le dixiéme eft 1 fol 11 den. $\frac{1}{2}$ pour une toife.

Pour une voye de volilles contenant 400 *planches, fera payé 15 fols,* qui font ordinairement de 6 pieds de longueur ; ces 400 planches ne font que 365 toifes fournies, fuivant le Tarif des Bois quarrez ; en forte que les 110 toifes valent 4 *fols 2 den. pour le Droit des 15 fols par voye.*

Le cent de toifes, reduites & fournies de planches volilles, eft de	2 liv. 10 fols o den.
Premier dixiéme,	o liv. 5 fols o den.
Second dixiéme,	o liv. 5 fols 6 den.
Sol pour livre,	o liv. 2 fols 6 den.
Le Droit des 15 fols par voye,	o liv. 4 fols 2 den.
TOTAL,	3 liv. 7 fols 2 den.

Le dixiéme eft 6 fols 9 den. pour 10 toifes ; donc le dixiéme eft 8 den. pour une toife ou planche.

Pour une voye d'échalats de 4 pieds $\frac{1}{2}$*, contenant 52 bottes, fera payé 15 fols,* elles font à 6 pieds dans le Tarif des Bois quarrez : de forte que pour 100 bottes, reduites à 6 pieds, c'eft 38 *fols 5 den. pour le Droit des 15 fols par voye.*

Le Droit de cent bottes d'échalats de fix pieds eft de	13 liv. o fols o den.
Premier dixiéme,	1 liv. 6 fols o den.
Second dixiéme,	1 liv. 8 fols 7 den.
Sol pour livre,	o liv. 13 fols o den.
Le Droit des 15 fols par voye,	1 liv. 18 fols 5 den.
TOTAL,	18 liv. 6 fols o den.

Le dixiéme eft 1 liv. 16 fols 7 den. pour 10 bottes ; donc le dixiéme eft 3 fols 8 den. pour une botte.

Pour une voye de charonage sera payé 15 sols.
Le Droit d'une voye de charonage est de 5 liv. 10 sols 0 d.
Premier dixiéme,   0 liv. 11 sols 0 d.
Second dixiéme,   0 liv. 12 sols 1 d.
Sol pour livre,   0 liv. 5 sols 6 d.
Le Droit de 15 sols par voye,   0 liv. 15 sols 0 d.

Total,   7 liv. 13 sols 7 d.

104 gentes à la voye, c'est 15 sols 4 den. $\frac{1}{2}$ pour 10 gentes, & 1 sol 6 den. $\frac{1}{2}$ pour une gente.

30 toises d'empannons, c'est 2 liv. 11 sols 2 den. pour 10 toises, & 5 sols 1 den. $\frac{1}{2}$ pour une toise.

26 toises à la voye, c'est 3 liv. 1 sols 5 den. pour 10 toises, & 2 sols 2 den. pour une toise.

75 moutons, c'est 1 liv. 0 sols 6 den. pour 10 moutons, & 2 sols & un demi-denier pour un mouton.

8 toises à la voye, c'est 19 sols 2 den. pour une toise.

5 toises de moyeux à la voye, c'est 1 liv. 10 sols 8 deniers $\frac{1}{2}$ pour une toise.

Pour une voye de contre-lattes sera payé 15 sols : les quantitez ne sont point fixées dans *le nouveau Tarif des 15 sols par voye*, & qui sont fixées dans celui des bois quarrez à 200 toises, 6 liv. 10 sols.

Les quantitez sont fixées dans le Tarif nouveau pour chaque voye de goberges, merain, cour̂çon, parquet & panneau, à 15 sols par chaque voye.

Pour une voye de perches de tillau, ou bois d'aulne, sera payé 15 sols. Dans le Tarif nouveau des 15 sols par voye, les quantitez de perches d'aulne n'y sont point fixées ; & dans celui des bois quarrez, elles sont à 5 liv. le cent de grosses perches, 200 des moyennes, & 300 des petites.

Pour une voye de bateau contenant 70 toises, sera payé 15 sols. Le Droit du déchirage des bateaux, pour les Officiers Contrôleurs des bois quarrez, est au huitiéme de leur achat, ce qui n'a point de raport *au nouveau Tarif des 15 sols par voye.*

Il y a plusieurs autres Tarifs pour les Droits que les bois de charpente, sciage & charonage doivent au Domaine, aux Metteurs à port, & autres, lesquels sont payez par éclusez, par trains, par bresles, par coupons ou par bateaux, dont on ne peut sçavoir les quantitez fixes, étant plus grandes ou plus petites.

Du Tarif nouveau de la levée des 15 sols par voye,
pour sçavoir le prix d'une piece ou toise,
& celui de dix pieces ou toises.

LA voye de charpente, contenant 13 pieces pour 15 sols, c'est à raison d'un sol 2 den. pour une piece, & 11 sols 8 den. pour 10 pieces.

La voye de 104 toises pour 15 sols, c'est un peu moins de 2 deniers pour une toise, & 1 sol 6 den. pour 10 toises.

La voye de 20 tables de noyer pour 15 sols, c'est 9 deniers pour une table, & 7 sols 6 den. pour 10 tables.

La voye de 10 toises d'étaux hêtre pour 15 sols, c'est 1 sol 6 den. pour une toise.

La voye de 52 bottes ou toises pour 15 sols, c'est 3 den. $\frac{1}{2}$ pour une botte ou toise, & 3 sols pour 10 bottes ou toises.

La voye de 78 planches sapin de 12 pieds pour 15 sols, c'est 2 den. $\frac{1}{2}$ pour une planche, & 2 sols pour 10 planches.

La voye de 104 planches sapin de 9 à 10 pieds, c'est un peu moins de 2 deniers pour une planche, & 1 sol 6 deniers pour 10 planches.

La voye de 208 planches de sapin de 6 à 8 pieds pour 15 sols, c'est un peu moins d'un denier pour une planche, & 9 deniers pour 10 planches.

La voye de 400 *volilltes pour* 15 *fols,* c'eſt un peu moins d'un demi-denier pour une planche, & 4 den. $\frac{1}{2}$ pour 10 planches.

Charonage.

La voye de 104 *gentes ou rayes pour* 15 *fols,* c'eſt un peu moins de 2 den. pour une gente, & 1 ſol 6 den. pour 10 gentes.

La voye de 30 *toiſes d'empannons ou brancarts,* c'eſt 6 den. pour une toiſe, & 5 ſols pour 10 toiſes.

La voye de 26 *toiſes,* c'eſt 7 den. pour une toiſe, & 6 ſols pour 10 toiſes.

La voye de 75 *moutons,* c'eſt 2 den. $\frac{1}{2}$ pour un mouton, & 2 ſols pour 10 moutons.

La voye de 8 *toiſes,* c'eſt un ſol 10 den. & demi pour une fleche, ou une toiſe d'armons.

La voye de 5 *toiſes de moyeux,* c'eſt 3 ſols chaque toiſe.

F I N.